T0107229

Joan Rundo

Shalom Salaam
feste e ricette dal Medio Oriente

edizioni
terra santa

Coordinamento redazionale: Carlo Giorgi
Progetto grafico: Elisa Agazzi

*Per informazioni sulle opere pubblicate
e in programma rivolgersi a:*

Edizioni Terra Santa
Via G. Gherardini 5 - 20145 Milano (Italy)
tel.: +39 02 34592679 fax: +39 02 31801980
www.edizioniterrasanta.it
e-mail: editrice@edizioniterrasanta.it

Finito di stampare nel settembre 2012
da Corpo 16 s.n.c. - Bari
per conto di Fondazione Terra Santa
ISBN 978-88-6240-153-1

Introduzione

Nelle cucine del Medio Oriente è possibile trovare cibi e bevande speciali. Sono i piatti legati alle grandi festività religiose dell'ebraismo, del cristianesimo mediorientale e dell'islam; i piatti della tradizione, che sono riferiti sempre, nonostante le diversità tra le fedi, al ricordo di un Dio premuroso. E sono preparati - oggi come un tempo - dalle diverse comunità dei credenti che vivono in Terra Santa.

Del Medio Oriente conosciamo molte cose indigeste: le guerre e il sangue versato senza tregua e senza motivo, gli scontri a sfondo religioso, i percorsi inconcludenti della politica e della burocrazia, spesso incapaci di costruire il futuro.

Una delle cose che non conosciamo abbastanza, invece, è il modo in cui ebrei, cristiani e musulmani del Medio Oriente, sedendosi a tavola, fanno festa. I piatti prelibati, le bevande, i dolci che i fedeli - usciti da sinagoghe, chiese e moschee - preparano e condividono per stare in pace.

Questo libro è un modo in più, speriamo gustoso e divertente, per conoscere la vita dei popoli del Medio Oriente. Le tre sezioni in cui è diviso sono dedicate al significato religioso del cibo nell'ebraismo, nell'islam e nel cristianesimo mediorientale, e raccolgono una selezione di ricette che ancora oggi si preparano in Terra Santa, in occasione delle rispettive feste religiose.

Così, cimentarsi a preparare, nella cucina di casa, il piatto di Pasqua dei cristiani di Betlemme, o il dolce di *Purim* delle cuoche ebree di Gerusalemme, o il banchetto di fine *Ramadan* dei ristoranti di Damasco, vuole essere in fondo anche l'augurio che si possa condividere, un giorno, la stessa pace.

Alcune note importanti per un corretto uso del libro

Come il lettore noterà, le ricette di questo libro riportano sempre ingredienti "generosi", calcolati per realizzare un numero consistente di porzioni (come minimo per 4-6 persone). Abbiamo scelto, infatti, ricette cucinate per fare festa, che sottintendono, com'è giusto (e come speriamo per voi), una tavola affollata di commensali.

A volte si tratta di ricette famose; in molti casi, invece, di ricette rare che faticherete a trovare altrove. Tutti i piatti che proponiamo, però, sono fatalmente legati alla "tradizione orale", tramandati di madre in figlia, di generazione in generazione. Le varianti "familiari" di queste ricette, dunque, non si contano. Qui, delle molte possibili, ne abbiamo scelta una. Speriamo vi allieti il palato!

Dove non diversamente specificato, i tempi di preparazione indicati si intendono comprensivi di tutte le fasi (quindi anche della cottura). Per quei piatti che invece richiedono tempi più lunghi, perché prevedono ore di ammollo, riposo o lievitazione, questi sono espressamente segnalati a parte.

Nelle ricette compaiono sovente ingredienti tipici della cucina mediorientale poco noti in Italia: di questi, segnalati di volta in volta con un asterisco (*), abbiamo dato spiegazione nel glossario in coda al testo.

Infine, una nota sulle trascrizioni dei nomi delle ricette arabe o ebraiche. Abbiamo privilegiato una traslitterazione semplificata e non scientifica, anche perché molti nomi appartengono alla tradizione domestica che si esprime in forme dialettali che sovente differiscono tra loro.

La cucina ebraica

La tavola come l'altare: nella concezione ebraica del mondo, la scelta, la preparazione e il consumo del cibo, come tutte le attività umane, devono rispettare delle regole, il cui scopo principale è di costituire una guida per l'esistenza con modelli di comportamento che conducono alla perfezione e alla *qedushah*, la santità. Nel contesto ebraico, la "santità" viene intesa come un'aspirazione alla portata di ogni membro della comunità, anzi è l'aspirazione che deve guidare ogni sua azione, ossia il raggiungimento di una perfezione di vita.

Le regole alimentari ebraiche stabilite nella *Torah*, i cinque libri biblici "della Legge" (*Genesi*, *Esodo*, *Levitico*, *Numeri* e *Deuteronomio*), come le regole che si applicano ad ogni altro aspetto della vita, trasformano l'atto del mangiare da un atto meramente necessario per la sopravvivenza a un rito, un passo sulla via verso la perfezione, un atto sacrale.

Alla base delle regole alimentari della *Torah* si trova il concetto di *kasherut*, letteralmente "adeguatezza", ovvero l'idoneità di un cibo ad essere consumato da un ebreo. Queste regole furono successivamente commentate e interpretate dai rabbini nel *Talmud*, la raccolta delle loro discussioni sui significati e sull'applicazione dei precetti divini. La materia è alquanto complessa ed esistono numerosi libri e siti per affrontare le sottigliezze delle regole alimentari ebraiche. Nonostante tutto, però, gli elementi principali che caratterizzano la cucina ebraica si possono sintetizzare facilmente.

Animali permessi e animali proibiti

Io sono il Signore che vi ha fatti salire dalla terra d'Egitto
per esservi Dio e voi sarete santi, perché santo sono Io.
Questa è la legge dei quadrupedi e dei volatili e di tutti
gli esseri viventi che si muovono nell'acqua e di ogni essere
che brulica sulla terra: sì da distinguere tra l'impuro e il puro,
e tra l'animale che si può mangiare e l'animale
che non deve essere mangiato (Levitico 11,45).[1]

Questi versi dal libro del *Levitico* stabiliscono la separazione tra animali "puri" e "impuri", cioè "adatti" o "non adatti" all'alimentazione (non è un giudizio etico sull'animale). Per far parte della prima categoria, gli animali che vivono sulla Terra devono essere ruminanti e avere lo zoccolo spaccato, quindi comprendono bovini, ovini e cervidi, mentre impuri, e quindi vietati al consumo, sono gli equidi, i suini, i conigli, i cammelli e tutti i rettili.

Per quanto riguarda gli animali acquatici, per essere permessi devono avere pinne e squame. Ciò esclude tutti i molluschi e i crostacei.

I criteri per stabilire la liceità o meno degli uccelli non sono definiti nei testi sacri ma vengono elencati quelli vietati. Tuttavia, l'identificazione dei volatili "illeciti" (*Levitico* 11,13-19 e *Deuteronomio* 14,11-20) è controversa. La tradizione orale ha rimediato stabilendo che l'uccello non deve essere "rapace" (ed esistono ulteriori segni per confermare che è *kasher*), ma in generale vengono considerati puri il pollame, il tacchino, le anatre e l'oca.

Inoltre, il consumo del sangue dell'animale è vietato:

Però devi tenacemente guardarti dal mangiare
il sangue perché il sangue è vita; non mangerai
quindi la vita con la carne (Deuteronomio 12,23).

---

[1] I brani biblici sono tratti da: *Bibbia ebraica*, a cura di Rav Dario Disegni, Giuntina, Firenze 1998.

Questo divieto di sangue impone delle regole per la macellazione rituale (*shekhitah* in ebraico). Anche le norme precise che deve seguire lo *shokhet*, il macellaio nominato dalle autorità rabbiniche, vengono prescritte dalla *Torah*. Per privare rapidamente l'animale del sangue che, come detto poc'anzi, non può essere consumato, la macellazione viene effettuata mediante la resezione della giugulare. Questo metodo avrebbe anche lo scopo di ridurre al minimo le sofferenze dell'animale e, dal momento che un esame completo dell'animale precede sempre la macellazione, di impiegare solamente animali perfettamente sani.

In seguito, la carne viene sottoposta alla "kasherizzazione", alla salatura e alla risciacquatura, sempre per togliere la maggior quantità possibile di sangue. Quando la carne è da grigliare alla brace, queste procedure non sono necessarie in quanto si ritiene che il contatto della carne con il fuoco esaurisca il sangue.

È anche vietato cucinare il nervo sciatico (*ghid ha-nasheh* in ebraico), in ricordo degli sforzi di Giacobbe durante la sua lotta con l'angelo, che lo colpì proprio in quel punto.

Perciò i figli d'Israele ancora oggi non mangiano il nervo ischiatico che si trova nella parte posteriore della coscia perché l'essere divino colpì la parte posteriore della coscia di Giacobbe nel nervo ischiatico (Genesi 32,33).

Divieto di consumare insieme carne e latte

Non cucinerai il capretto nel latte di sua madre.

Questa regola viene ripetuta per ben tre volte (*Deuteronomio* 14,21, *Esodo* 23,19 e 34,26) e da essa deriva il divieto di usare assieme carne e latte. Così è vietato cucinare nello stesso tempo la carne e il latte (o derivati, quali il formaggio, il burro, lo yogurt); queste due categorie di cibi non possono essere consumate nel corso dello stesso pasto, ma deve trascorrere un intervallo di tempo minimo e ogni cucina dovrebbe essere dotata di pentole, piatti, posate e utensili separati per i due tipi di alimenti.

Per rispettare questa regola, la casa *kasher* disporrà quindi di piatti e stoviglie per la carne (in ebraico *besarì*, da *basar*, carne) e piatti e stoviglie da usare con il latte e i latticini (detti *halavì*, da *halav*, latte).

La terza categoria di cibi, quali uova, verdure, frutta, il sale, l'olio, lo zucchero e le spezie, è *parvé,* neutra, e può essere consumata indifferentemente con i cibi *besarì* o *halavì*.

 ## Il vino

Per essere consumato da ebrei, anche il vino deve essere *kasher*. Questo significa che deve essere stato fatto da ebrei osservanti del Sabato che hanno eseguito personalmente tutta la lavorazione, controllando che nessun altro manipoli il vino. Per rimanere *kasher*, il vino deve anche essere aperto e versato da un ebreo osservante.

Queste norme rigide derivano dall'importanza simbolica del vino nei riti. Il vino è un componente fondamentale nella cerimonia di santificazione (*qiddush*) che dà inizio ad ogni festa nel calendario ebraico e nel *Seder*, la cena rituale di *Pesach*, la Pasqua ebraica. La motivazione che sottostà a queste regole risale ai tempi antichi, quando il vino veniva utilizzato dagli idolatri. Limitando il consumo al vino prodotto all'interno della comunità, si evitava il rischio di consumare vino utilizzato nella venerazione degli idoli.

Queste regole, per quanto possano sembrare rigide e limitative, caratterizzano una cucina ricca e creativa e sono un segno distintivo dell'identità ebraica nel mondo. Ci sono poi ulteriori norme relative alle numerose feste che scandiscono l'anno ebraico, dove il consumo di certi cibi (o il digiuno) ha una grande valenza simbolica.

Le feste ebraiche

La dimensione festiva della vita ebraica è importantissima: ogni festa porta con sé piatti particolari, legati al simbolismo della festa o alla sua stagionalità, nonché una serie di regole da seguire per santificare questi giorni. Diamo uno sguardo alle principali feste ebraiche e alle implicazioni in cucina e a tavola.

Shabbat

> *Ricordati del giorno di Sabato per santificarlo. Durante sei giorni lavorerai e farai ogni tua opera, ma il settimo giorno sarà giornata di cessazione del lavoro, dedicato al Signore tuo Dio; non farai alcun lavoro né tu né tuo figlio né tua figlia... Poiché in sei giorni il Signore creò il cielo e la terra, il mare e tutto quanto essi contengono, riposò nel giorno settimo* (Esodo 20,8-11).

Il Sabato segna il riposo settimanale e inizia un'ora prima del tramonto del venerdì sera (nello schema temporale ebraico il giorno comincia al tramonto, non a mezzanotte; questo deriva dalla scansione dei giorni nel primo capitolo della *Genesi*: "e fu sera e fu mattina, un giorno...") per concludersi al momento dell'apparizione delle prime tre stelle il sabato sera. Il riposo deve essere totale: significa quindi che qualsiasi attività lavorativa è vietata in questo arco di tempo, compresa quella di accendere il fuoco per cucinare (anche se un fuoco acceso prima dello *Shabbat* può essere utilizzato). Le massaie ebree hanno dovuto così escogitare piatti che possono essere consumati freddi nella giornata di Sabato o che necessitano di lunghe ore di cottura lenta per essere pronti (ma non bruciati) per il pranzo dello

Shabbat. Anche il terzo pasto, *seudah shlishit* in ebraico, deve essere preparato in anticipo.

La cena del venerdì sera (*aruchat Shabbat*) è indubbiamente la più ricca e carica di simboli nella ricorrenza settimanale dello *Shabbat*. Per preparare la perfetta cena di apertura dello *Shabbat*, la donna di casa deve aver preparato il pane o *hallah* (ricetta a p. 20), spesso a forma di treccia ma anche a corona. Nella sua preparazione, la donna ebrea deve bruciare un pezzo dell'impasto del pane, per ricordare l'antica offerta ai sacerdoti.

Essendo il punto culminante della settimana, per l'occasione il tavolo viene apparecchiato con una bella tovaglia bianca e il servizio "delle feste". Il pane (tradizionalmente due pagnotte) è al centro della tavola ed è ricoperto da un panno bianco.

La cena è segnata dal rituale del *qiddush*, la santificazione della festa: si recita la benedizione (solitamente lo fa il padre di famiglia) e poi tutti i commensali bevono un sorso di vino con un pezzo del pane dello *Shabbat* intinto nel sale (che è segno dell'indissolubilità del patto fra Dio e l'uomo), prima di iniziare il pasto vero e proprio. La cena del venerdì sera è un'occasione per la famiglia di riunirsi e di assaporare le specialità preparate, spesso in abbondanza: *ha shulchan haya amus be'ochel* è un commento frequente, "la tavola crollava sotto il cibo!".

Rosh ha-Shanah (1 Tishri)

Il calendario ebraico è di tipo lunare e permette, grazie a un sistema di "recupero" di giorni, che le feste cadano sempre nella stessa stagione, ogni anno, al contrario del calendario islamico che segue il naturale ciclo della luna. Quindi, il capodanno cade sempre in autunno, nel mese di settembre o ottobre.

Questa festività è caratterizzata dall'abbondanza di cibi dolci, per auspicare felicità e prosperità, secondo l'augurio tradizionale *shanah tovah u metuchah!* Ovvero "un buon e dolce anno!".

Cibi che simboleggiano l'abbondanza e la fertilità, come pesce e melograni, appaiono spesso nei menù di *Rosh ha-Shanah*, per augurare un anno di prosperità.

Yom Kippur (10 Tishri)

Yom Kippur è il Giorno dell'Espiazione o del Perdono, un giorno di digiuno. Cade dieci giorni dopo *Rosh ha-Shanah* e chiude i dieci giorni penitenziali. Il digiuno dura venticinque ore, dal tramonto del 9 *Tishri* alla sera dell'indomani.

Il pasto che precede il digiuno, quindi nel tardo pomeriggio, è tradizionalmente abbondante, ma si evita l'uso di sale e di spezie per non aggravare la sensazione di sete.

L'augurio tradizionale che precede il digiuno è *Tsom kal*!, "facile digiuno!".

Sukkot (15 Tishri)

Soltanto cinque giorni dopo la solennità di *Yom Kippur* (e il suo digiuno rigoroso), arriva nel calendario ebraico la festa gioiosa di *Sukkot*, ovvero la Festa delle Capanne, che dura sette giorni.[2]

In ricordo degli anni passati dal popolo ebraico nel deserto durante la fuga dall'Egitto, è usanza costruire nel giardino o sulla terrazza di casa una "capanna" con tetto di frasche e decorata con festoni e frutta di stagione. Durante i sette giorni di questa festa, si dovrebbe passare il maggior tempo possibile nella *sukkah* (singolare di *sukkot*), ricevendo gli amici e soprattutto consumandovi i pasti. Cadendo in autunno e in coincidenza con le raccolte, la festa di *Sukkot* è anche una celebrazione dei frutti della terra, quindi molti piatti sono a base di verdura e di frutta.

---

[2] *Pesach, Shavu'ot* e *Sukkot*, le tre feste di pellegrinaggio, in Israele durano un giorno in meno rispetto alla diaspora.

Hanukkah (25 Kislev)

Passiamo ora all'inverno, poiché *Hanukkah* cade verso la fine del mese di dicembre, e ricorda una vittoria ebraica e il conseguente miracolo. Nel 165 a.C., l'esercito guidato da Giuda Maccabeo sconfisse le truppe seleucidi che erano entrate in Gerusalemme e avevano profanato il Tempio. Il giorno dopo, quest'ultimo doveva essere purificato dall'oltraggio dell'incursione. La *menorah* (candelabro) del Tempio doveva rimanere accesa continuamente ma l'olio (olio di oliva puro) rinvenuto tra le macerie sembrava sufficiente soltanto per una giornata. Invece quel poco olio bruciò per ben otto giorni: un miracolo. Per commemorare questo avvenimento, è tradizione accendere, ogni sera della festività, una luce della *hanukkiah*, un candelabro a nove bracci (otto per ricordare i giorni del miracolo e un nono come luce di servizio), accendendo ogni sera un lume in più.

L'olio del miracolo, in occasione di questa ricorrenza, è importante anche in cucina: cibi fritti in olio sono emblematici di *Hanukkah,* dai famosi *Latkes* (gallette di patate) della tradizione ashkenazita ai *sufganiyot* (frittelle; ricetta a p. 43) ormai imprescindibili in Israele.

Tu bi-Shvat (15 Shvat)

Una festa ecologica *ante litteram*! *Tu bi-Shvat* non è altro che il Capodanno degli Alberi, e cade in gennaio quando in Israele l'inizio della primavera è già alle porte. Ai tempi biblici serviva per stabilire la data delle primizie da portare al Tempio; oggi è l'occasione per mangiare i frutti della terra d'Israele. Tradizionalmente, in questo giorno, i ragazzi piantano piccoli alberi in parchi e giardini.

Purim (14 Adar)

Purim, noto anche come "la Festa delle Sorti", commemora l'episodio biblico della regina Ester e di suo zio Mardocheo narrato nella *Meghillah* (Rotolo) di Ester: insieme salvarono gli ebrei dal massacro ordinato dal perfido Aman, consigliere del re Assuero, in Persia. *Purim* cade nel mese di marzo e ha la particolarità di essere una festa dove l'ubriachezza viene incoraggiata (una sorta di versione ebraica del noto proverbio "semel in anno licet insanire"[3]): per tutti è un obbligo inebriarsi fino al punto di confondere le due frasi "sia benedetto Mardocheo" e "sia maledetto Aman".

Il giorno precedente si osserva il "Digiuno di Ester", in ricordo del digiuno con cui ha implorato da Dio la grazia per il suo popolo.

Il giorno di *Purim* è però caratterizzato da un pasto festivo. A *Purim*, è anche un *mitzvah* (dovere religioso) offrire doni di cibo (*mishloach manot*), solitamente cesti di dolci, a parenti e amici, in modo da assicurare che tutti possano festeggiare degnamente la ricorrenza. Il travestimento, per piccoli e grandi, anche durante la funzione nella sinagoga, è comune. È una tradizione nata in Italia che vuole in qualche modo ricordare la provvidenzialità del "nascondimento" di Ester alla corte di Assuero, il quale infatti non sapeva della sua appartenenza al popolo ebraico. Tutto si svolge all'insegna dell'allegria.

Pesach (15 Nissan)

Pesach, la Pasqua ebraica che dura otto giorni, celebra l'uscita degli ebrei dalla schiavitù in Egitto. È anche la festa più impegnativa in materia di preparazione e regole.

Due sono i principali comandamenti per questi giorni speciali: il pane normale deve essere sostituito da *matzah,* pane azzimo, e nessun cibo contenente lievito può essere consumato durante tutto il periodo festivo. Per quanto riguarda i preparativi, prima dell'inizio di *Pesach* la casa deve essere accuratamente pulita per eliminare ogni traccia di cibi lievitati e durante la settimana si usano stoviglie separate.

L'inizio di *Pesach*, dopo la "caccia" alle ultime briciole di

---

[3]   Una volta all'anno è lecito impazzire (*ndr*).

cibi lievitati che possano nascondersi negli angoli più nascosti, è segnato dal *Seder* ("ordine" in ebraico). È una cena rituale (ripetuta anche la seconda sera di *Pesach* al di fuori d'Israele) che ha lo scopo di narrare le vicende dell'esodo dall'Egitto, secondo il precetto:

Tu poi spiegherai a tuo figlio, in quel giorno:
Noi pratichiamo questo culto in onore del Signore
per tutto quello che Egli operò in mio favore alla mia uscita
dall'Egitto (Esodo 13,8).

Tradizionalmente, la famiglie si riuniscono per leggere il testo della *Haggadah*, che contiene il racconto dell'*Esodo* commentato dai maestri, benedizioni e riti, commenti tradizionali e canti specifici per *Pesach*. Il *Seder* rappresenta un'opportunità per "uscire nuovamente dall'Egitto", per ringraziare per la libertà dalla schiavitù e per trasmettere alle giovani generazioni la fede e il retaggio dell'ebraismo.

Il tavolo del *Seder* è apparecchiato con un servizio speciale per *Pesach* e l'elemento fondamentale è il piatto del *Seder*. Questo contiene sei cibi simbolici e, insieme alle tre *matzot* su un piatto o un vassoio separato, hanno un significato particolare nella narrazione della storia dell'*Esodo*. Le *matzot*, ricoperte da un tovagliolo, rimandano al pane dell'afflizione, simbolo della schiavitù, e al ricordo della partenza verso la libertà, una partenza tanto precipitosa che la pasta del pane non ebbe il tempo di lievitare.

I sei "ingredienti" del piatto del *Seder* sono:

- *Maror:* erba amara, simbolo dell'amarezza e della durezza della schiavitù patita dagli ebrei nell'antico Egitto. In Italia si usa come *Maror* dell'insalata, in particolare quella romana le cui radici hanno un sapore amaro;
- *Charoset* (ricetta a p. 34) è un miscuglio di frutta e di

noci o frutta secca macinata, sempre di colore rossiccio-marrone, per simboleggiare la malta utilizzata dagli schiavi ebrei in Egitto. Le ricette per il *charoset*, si dice, sono numerose quanto le famiglie ebraiche...;

- *Karpas*: solitamente sedano che viene intinto in acqua salata e che rappresenta le lacrime degli ebrei;
- Una zampa di agnello o un osso (in genere di pollo) che simboleggia il *korban Pesach* (il sacrificio di comunione di *Pesach*), un agnello offerto al Tempio di Gerusalemme e quindi arrostito e consumato come parte del pasto della notte del *Seder*, sacrificio che oggi non è più possibile effettuare in quei termini;
- *Beitzah*: un uovo sodo, in ricordo del lutto per la distruzione del Tempio e come segno di vita e di attesa dei "tempi messianici".

Il rituale del *Seder* comprende inoltre l'obbligo di bere quattro coppe di vino nel corso della serata. Queste quattro coppe corrispondono ai quattro verbi di liberazione pronunciati da Dio nei confronti del popolo schiavo in Egitto: "Io vi farò uscire... Io vi libererò dai pesanti fardelli... Io vi salverò... Io vi sceglierò come popolo" (*Esodo* 6,6-7).

Il *Seder* si svolge intorno alla narrazione delle vicende, con richiami ai cibi simbolici e, al centro del rito, le Quattro Domande. Queste vengono poste, tradizionalmente, dal bambino più piccolo presente: la prima è "*Ma nishtanà...*" ovvero "in che cosa è diversa questa notte da tutte le altre notti?"; poi: "Perché mangiamo solo pane azzimo e non pane? Perché solo erbe amare? Perché si intingono due volte? Perché mangiamo appoggiandoci sul gomito (segno di libertà, ndr)?". Il padre allora risponde seguendo il rituale, ma aggiungendovi spesso le proprie spiegazioni e arricchendo la narrazione con commenti: "Eravamo schiavi del Faraone in Egitto".

Dopo la lettura rituale della *Haggadah*, una cena viene servita, anche se ormai è molto tardi e i bambini si addormentano!

Mimouna

Nella tradizione ebraica del Nordafrica, il giorno dopo la festa di *Pesach*, si celebrava una festa nota come *Mimouna*. In seguito alla massiccia emigrazione degli ebrei marocchini, la giornata è diventata una festa nazionale in Israele, spesso caratterizzata da picnic e grigliate nei parchi. La festa inizia dopo il tramonto dell'ultimo giorno di *Pesach*, con la tavola imbandita di dolci e pane, segnando così il ritorno di *chametz* (cibi lievitati) nonché l'inizio della primavera.

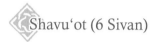
Shavu'ot (6 Sivan)

Sette settimane dopo *Pesach* cade la festa di *Shavu'ot*, ovvero della Legge o delle Primizie.

Legata al calendario agricolo, è una festa di ringraziamento per la *Torah* ricevuta sul Monte Sinai. Dura due giorni. Una caratteristica di questa festa è l'abitudine di consumare pasti a base di latticini, senza carne né vino.

Tisha be-Av (9 Av)

Questa ricorrenza è nota come il giorno più triste nel calendario ebraico. È un giorno di lutto e di digiuno che cade d'estate, nel mese di luglio o agosto, e coincide con il ricordo della distruzione del Primo e del Secondo Tempio di Gerusalemme. Questi due avvenimenti accaddero a distanza di 656 anni, ma lo stesso giorno funesto del calendario. In questo stesso giorno sono avvenute anche molte altre catastrofi che segnano dolorosamente la storia del popolo ebraico.

Il digiuno dura venticinque ore, come quello di *Yom Kippur,* e il cibo simbolico per l'ultimo pasto prima del digiuno è un uovo sodo mangiato con pane intinto in ceneri.

La cucina ebraica:
da Israele al mondo e ritorno

Dalle pagine dei testi sacri è possibile sapere com'era l'alimentazione ai tempi dell'Israele biblico: dai cereali alla frutta, dalle verdure all'olio di oliva fino alla misteriosa *manna*, sulla cui esatta composizione si discute ancora oggi.

Inoltre la cucina ebraica, con la diaspora degli ebrei in quasi tutto il globo, è stata soggetta a mille influenze, plasmata da regole alimentari "altre". È chiaro che fattori climatici ed economici, attraverso i secoli e i continenti, hanno condizionato ciò che oggi viene definita "la cucina ebraica". Gli ebrei rimasti in Medio Oriente hanno continuato a mangiare i frutti della terra dei loro avi; gli ashkenaziti, ebrei stabilitisi nei Paesi dell'Europa dell'Est, hanno sviluppato una cucina conforme al clima e ai prodotti disponibili, così pure i sefarditi, che si stanziarono in Spagna e nei Paesi mediterranei; gli ebrei in India hanno arricchito il profumo dei loro *curry* con le stesse spezie dei loro vicini indù e nel Maghreb hanno preparato il *couscous* in modo molto simile ai loro vicini musulmani.

Tutti hanno adattato le regole alimentari all'ambiente circostante e alle necessità: il piatto per il pranzo di *Shabbat*, *cholent* nella versione ashkenazita (uno stufato di carne di manzo, fagioli, collo di pollo e orzo) diventa *dfina* nella versione degli ebrei nordafricani, con carne di agnello o montone, ceci e riso, il tutto profumato di spezie; il grasso di oca veniva usato al posto dell'olio di oliva, introvabile in molte parti del mondo; la pasta è diventata parte integrante della dieta degli ebrei italiani così come il riso in gran parte del mondo mediorientale...

Con il ritorno in Israele a partire dalla fine dell'Ottocento, i timidi ma entusiasti pionieri con il sogno di trasformare il deserto in un paese di latte e di miele, dovettero fare i conti con una terra bruciata e testarda e, in questo contesto, la cucina non era certo una priorità. Con la nascita dello Stato d'Israele (1948) e l'arrivo di immigrati, soprattutto dall'Europa orientale martoriata, la situazione non si prestava certo a pensieri culinari di alto livello: l'importante era sopravvivere e costruire un nuovo Stato. Mancanza di materie prime e razionamento hanno drasticamente limitato la dieta dei nuovi israeliani. L'afflusso di ebrei provenienti dai Paesi arabi, soprattutto in seguito alle guerre arabo-israeliane del 1956 e del 1967, ha portato nuovi gusti e nuovi modi di cucinare, provocando il famoso "scontro" del *gefilte fish* – il piatto tipico di pesce farcito (solitamente la carpa) degli ebrei dell'Europa orientale – con il *couscous*, il piatto "nazionale" dei Paesi del Maghreb adottato anche dagli ebrei di quelle regioni per le occasioni di festa.

Grazie a questo *melting pot* di abitanti e di sapori, la cucina ebraica in Israele è oggi un mosaico di gusti e di influenze, dove si possono trovare piatti e ingredienti da tutto il mondo.

Beteavon!*

---

*Buon appetito!

Moufleta (crêpes marocchine)

Queste crêpes, tipiche degli ebrei marocchini, sono ormai irrinunciabili anche in Israele per *Mimouna*, la festa che chiude *Pesach*.

1 kg di farina
50 g di lievito
3 bicchieri di acqua tiepida
5 cucchiai di olio di oliva
Sale
Burro e zucchero

30'
+ tempo di lievitazione

1. Mettete la farina in un'insalatiera e aggiungete il lievito stemperato nell'acqua tiepida (1 bicchiere), l'olio e 2 pizzichi di sale. Mescolate tutto, incorporando 2 bicchieri di acqua tiepida.
2. Impastate bene per qualche minuto: l'impasto deve essere omogeneo ma non appiccicoso.
3. Formate delle palle della grandezza di un uovo, sistematele su una teglia e lasciate lievitare due ore.
4. Riscaldate una padella unta e versate anche qualche goccia di olio sulle mani.
5. Prendete un piatto, ungete anche quello e disponetevi una palla di pasta; appiattitela sul piatto per ottenere una sorta di crêpe.
6. Mettetela nella padella, cuocetela due minuti e poi giratela.
7. Ripetete lo stesso procedimento con il resto delle crêpes.
8. Servite con burro e zucchero.

basilico
ריחן

Hallah (pane dello Shabbat)

1 kg di farina

1 uovo + 1 tuorlo

1 cucchiaino di lievito secco

4 cucchiaini di zucchero

Semi di sesamo o di papavero

5 cucchiaini di olio

2 cucchiaini di sale

45ᴵ

+ tempo di lievitazione

Il pane non può mancare sulla tavola dello *Shabbat*. Spesso sono due le *hallot* (plurale di *hallah*) in tavola, in ricordo della doppia porzione di manna raccolta dagli ebrei nel deserto. Il pane va sempre messo su un tagliere o su un piatto speciale che ricorda il suolo pulito del deserto dove cadde la manna, e viene ricoperto da uno speciale panno (spesso ricamato) per ricordare la rugiada che cadde su di essa.

La forma delle *hallot* può cambiare a seconda delle comunità, ma la forma a treccia è probabilmente quella più comune. Inoltre, l'impasto cambia forma a seconda della festa: ad esempio è una corona per *Rosh ha-Shanah*, il Capodanno ebraico, mentre è a forma di scala per la festa di *Shavu'ot*, che ricorda l'ascesa di Mosé sul Monte Sinai per ricevere le leggi divine.

רוזמרין רפואי
rosmarino

1. Sciogliete il lievito in un bicchiere di acqua tiepida. Versate la farina a fontana in una grande insalatiera e aggiungete il lievito stemperato, l'uovo, l'olio, il sale e lo zucchero.
2. Mescolate bene aggiungendo acqua quanto basta per ottenere un impasto.
3. Versate l'impasto sul piano di lavoro infarinato e lavorate energicamente.
4. Lasciate riposare l'impasto sotto uno strofinaccio da 1 a 3 ore (deve triplicare di volume). Per conoscere il tempo di riposo, prelevate una pallina di pasta e mettetela in un bicchiere d'acqua: se la pallina risale in superficie il tempo di riposo è sufficiente.
5. Lavorate ancora l'impasto, fino a quando non compariranno delle bolle d'aria che scoppiano.
6. Dividete la pasta in due e ogni metà in tre parti; modellatele tirandole, così da ottenere tre "salsicce" che dovrete poi intrecciare. Ripetete l'operazione con l'altra metà della pasta.
7. Disponete le trecce su una teglia oliata e lasciate riposare da mezz'ora a un'ora: devono raddoppiare di volume.
8. Spennellate le pagnotte con il tuorlo sbattuto e cospargete di semi di sesamo o di papavero.
9. Preriscaldate il forno a 180°C e cuocete per 20-30 minuti.
10. In occasione di *Rosh ha-Shanah*, si possono aggiungere 100 ml di miele per una *hallah* più dolce.

Appunti

פטרוזיליה
prezzemolo

Oznei haman

(orecchie di Aman)

I dolcetti che richiamano il malefico Aman dell'episodio biblico della regina Ester, sono immancabili nella festa di *Purim*. Chiamati anche *Hamantaschen* (in *yiddish*), possono essere farciti con semi di papavero, come in questa ricetta, datteri, prugne secche oppure marmellata. Lo stesso nome viene dato anche a frittelle fatte proprio a forma di orecchie; il triangolo di queste "orecchie" sarebbe invece ricordo del cappello di Aman.

Per la pasta:

500 g di farina

250 g di margarina

2 uova + 1 tuorlo

100 g di zucchero

Succo di ½ limone

Sale

Per il ripieno:

200 g di semi di papavero

2 cucchiai di miele

100 g di zucchero

½ cucchiaino di scorza grattugiata di limone

3 cucchiaini di scorza grattugiata di arancia

½ cucchiaino di cannella

45'

1. Cominciate con il ripieno, preferibilmente il giorno prima per lasciarlo riposare. Portate ad ebollizione 250 ml di acqua, aggiungete la cannella, lo zucchero, le scorze grattugiate e il miele. Dopo qualche minuto di ebollizione, abbassate il fuoco, aggiungete i semi di papavero e mescolate bene. Continuate la cottura per 5 minuti a fuoco basso, quindi tenete da parte.

2. Per la pasta, unite la farina, la margarina a fiocchetti, lo zucchero, un pizzico di sale, 2 uova, il succo di limone e mescolate bene per formare un impasto. Stendete la pasta e ritagliate dei cerchi con uno stampo o un bicchiere. Mettete un cucchiaino di semi di papavero al centro di ogni cerchio di pasta e tirate su i lati per formare un "tricorno". Spennellate con il tuorlo sbattuto. Mettete i dolcetti su una teglia oliata e leggermente infarinata ed infornate a 180° per circa 20-25 minuti.

תמרינדי

tamarindo

Torta di matzah, halva e cioccolato

115 g di cioccolato amaro

115 g di halva*

350 g di panna

2-3 cucchiai di cognac

375 ml di vino rosso dolce

8 matzot*

2 cucchiai di noci tritate grossolanamente

Pesach

30'

1. Fate sciogliere il cioccolato a fuoco lento. Sbriciolate la *halva* e, mescolando, aggiungetela al cioccolato con metà della panna. Aggiungete il cognac e lasciate raffreddare.

2. Versate il vino in una ciotola bassa, bagnate le *matzot* e tenetele da parte.

3. Mettete una *matzah* su un piatto di portata. Spalmatevi generosamente il miscuglio di *halva* e di cioccolato, ricopritela di panna e poi con un'altra *matzah*. Ripetete fino a esaurire tutti gli ingredienti, finendo con uno strato di panna. Appena prima di servire, cospargete di noci tritate.

פלפל חריף

peperoncino

Ruz d'ahsal (riso al miele)

1,5 litri di acqua
120 g di riso
120 g di miele
Pistacchi per la decorazione

30'

1. Portate l'acqua a ebollizione. Abbassate il fuoco e aggiungete il riso e quasi tutto il miele, lasciandone un cucchiaio a parte. Mescolate spesso per evitare che il riso si attacchi e bruci. Lasciate la pentola scoperta e considerate pronto il piatto quando tutta l'acqua sarà evaporata e il riso denso e morbido.
2. Lasciate raffreddare a temperatura ambiente prima di servire.
3. Decorate con i pistacchi e con il resto del miele.

cardamomo
הל

Teharige mal Shabbat

(uova e verdure)

10 uova

3 bustine di tè

10 pita (pane "arabo")

Ravanelli affettati

Olive

Prezzemolo fresco

Menta fresca

Basilico fresco

Melanzane fritte

Cetrioli, pomodori e peperoni verdi,
affettati molto sottilmente e conditi con olio di oliva,
succo di limone, pepe nero e zenzero in polvere.

30'

+ cottura notturna

Una colazione tradizionale per la mattina dello *Shabbat*, amata in particolare dagli ebrei di origine mediorientale.

1. Riscaldate il forno a 120°C.
2. Mettete le uova in una pentola, copritele di acqua fredda aggiungendo le bustine di tè ed infornate a temperatura bassissima per tutta la notte.
3. Friggete la melanzana tagliata a fette e tenetela da parte.
4. Preparate l'insalata e riponetela in frigo.
5. Per la colazione, sgusciate le uova, aprite il pane e riempite di uova, melanzane fritte, insalata, ravanelli e olive e finite con le foglie fresche di prezzemolo, basilico e menta.

ציפורן תבלין

chiodi di garofano

Tershana

(zucca e albicocche)

2 cucchiaini di olio vegetale

1 cipolla tritata

1 scatola di pomodori pelati

1 kg di zucca

½ cucchiaino di sale

2 spicchi di aglio

½ cucchiaino di pepe nero

1 cucchiaino di curry

½ cucchiaino di paprika

4 cucchiai di succo di limone

2 cucchiai di miele

75 g di albicocche secche

50 g di uvetta

100 g di mandorle intere

30'

Un piatto di origine irachena per festeggiare il "capodanno degli alberi", una festa "ecologica" *ante litteram*!

1. Riscaldate l'olio in una pentola e aggiungete le cipolle. Abbassate il fuoco ed aggiungete i pelati, un po' di acqua, la zucca, il sale, l'aglio, il pepe, il curry e la paprika e portate a ebollizione. Aggiungete il succo di limone e il miele, coprite e fate cuocere fino a quando la zucca diventa morbida. Abbassate il fuoco e aggiungete le albicocche, l'uvetta e le mandorle. Fate cuocere a fiamma bassa ancora 10 minuti.

2. Servite caldo o freddo, con riso bianco.

קורנית

timo

Keskasoon (pasta con ceci)

100 g di ceci secchi,
(messi a bagno la sera prima)
o una scatola di ceci
(già pronti)

3 cucchiai di olio di oliva

1 cipolla tritata
grossolanamente

2 spicchi di aglio tritati

500 g di pasta "acini
di pepe"

1 cucchiaino di sale

Pepe nero

Rosh ha-Shanah

45'

La pasta non è solo italiana! Questa ricetta degli ebrei siriani utilizza una piccola pasta da minestra, gli acini di pepe, per un piatto che simboleggia il cerchio della vita e un augurio per un anno di prosperità.

1. Dopo aver lasciato i ceci secchi a bagno tutta la notte, cuoceteli per un'ora e un quarto in acqua abbondante. Se utilizzate i ceci in scatola, risciacquateli semplicemente.

2. Riscaldate l'olio in una padella capiente e rosolate la cipolla per 5 minuti. Aggiungete l'aglio e rosolate ancora un minuto. Aggiungete la pasta e cuocete per tre minuti, mescolando spesso. Togliete la padella dal fuoco e tenete da parte.

3. Aggiungete 750 ml di acqua bollente alla pasta, salate e pepate. Aggiungete i ceci e mescolate bene. Rimettete la padella sul fuoco e fate cuocere con coperchio, a fuoco lento, fino a quando la pasta non diventa tenera e l'acqua evapora.

פלפל שחור
pepe nero

Ruz m'ajweh wa zbeeb

(riso con mandorle, datteri e uvetta)

250 g di riso tipo Basmati
2 cucchiaini di sale
1 litro d'acqua
2 cucchiai di olio vegetale

Per servire:
2 cucchiai di olio di oliva
1 cipolla tritata
200 g di mandorle spellate
100 g di uvetta
12 datteri grossi

Rosh ha-Shanah

45'

1. In una pentola portate a ebollizione l'acqua con il riso e il sale a fuoco alto. Abbassate il fuoco e continuate a far cuocere il riso, senza coperchio e fino al completo assorbimento dell'acqua, per altri 20 minuti circa.

2. Versate il riso in uno scolapasta e risciacquate sotto l'acqua fredda corrente per togliere l'amido in eccesso. Scolate bene e tenete da parte.

3. Lavate la pentola del riso e spennellate il fondo e i lati con l'olio. Rimettete il riso nella pentola, aggiungete il sale che rimane e mescolate bene. Tenete al caldo.

4. Riscaldate l'olio di oliva, aggiungete le cipolle e lasciate rosolare per 3 o 4 minuti. Aggiungete le mandorle, l'uvetta e i datteri, mescolando per 10 minuti a fuoco lento.

5. Versate il riso su un piatto da portata, versate sopra i datteri, le mandorle e l'uvetta. Mescolate prima di servire.

פלפל חריף
peperoncino

29

Karpasia (minestra di gnocchi al sedano)

500 g di manzo, a fette

2 cucchiai di carne trita

1 tazza di farina di matzah*

1 cipolla

3 spicchi di aglio

1 grossa zucchina, tagliata a fettine sottili

2 cucchiai di sedano tritato

Prezzemolo tritato

1 cucchiaio d'olio

1 uovo

Succo di 1 limone

Pepe nero - Sale

1-2 ossi da brodo

150'

1. Mettete gli ossi, la cipolla, la carne, l'aglio, la zucchina, il prezzemolo e quasi tutto il sedano in una pentola. Aggiungete 250 ml di acqua e fate sobbollire a fuoco basso. Quando l'acqua sarà evaporata e la carne cotta, aggiungete 450 ml di acqua e continuate a cuocere a fuoco basso e con il coperchio per un'ora e mezza.

2. Rimuovete gli ossi dalla minestra.

3. Mescolate la farina di *matzah* con 125 ml di acqua, l'olio e il manzo tritato fino ad ottenere un composto omogeneo. Aggiungete il resto del sedano e l'uovo e continuate a mescolare.

4. Formate delle palline piccole e aggiungetele alla minestra e fate cuocere per 20 minuti. Salate e pepate al gusto. Appena prima di servire aggiungete il succo di limone.

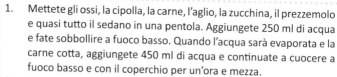

salvia
מרווה

Teharige ab matzah

(uova strapazzate con matzot)

125 ml di latte

4 matzot* sbriciolate

4 uova leggermente sbattute

½ cucchiaino di sale

¼ di cucchiaino di paprika

Succo di 1 limone

¼ di cucchiaino di zenzero macinato

2 cucchiaini di olio vegetale

ricette ebraiche

15'

1. Versate il latte in una ciotola e aggiungete le *matzot*. Lasciate che assorbano il latte per un minuto. Versate le uova sopra le *matzot*. Incorporate il sale, il succo di limone, lo zenzero e la paprika.

2. Riscaldate l'olio in una padella a fiamma alta, poi abbassate il fuoco, versate il composto e spalmate uniformemente con una spatola. Cuocete come per le uova strapazzate e servite caldo.

curry
קארי מאכלי

Lahmeh zeitun b'limoneh

(agnello al limone e olive)

60 ml di olio di oliva + 2 cucchiaini

1 cucchiaino di sale

¼ di cucchiaino di zenzero macinato

2 spicchi d'aglio tritati

½ cucchiaino di coriandolo in polvere

1 kg di agnello a pezzi (senza ossa né grasso)

2 cipolle tritate sottilmente

2 tazze d'acqua fredda

2 limoni a fettine sottili

200 g di olive verdi e nere

Rosh ha-Shanah

90'

1. Riscaldate a fuoco medio l'olio in una pentola, lasciando da parte i due cucchiaini. Aggiungete lo zenzero, il coriandolo, le cipolle e il sale e fate rosolare. Aggiungete l'aglio e lasciate rosolare ancora un minuto. Alzate il fuoco, aggiungete l'agnello e rosolate. Aggiungete l'acqua e portate a ebollizione, mescolando in continuazione. Aggiungete le fettine di limone. Coprite e fate cuocere per circa un'ora.

2. Rimuovete le fettine di limone e aggiungete le olive, continuando la cottura per altri due minuti.

3. Appena prima di servire, aggiungete gli ultimi due cucchiaini di olio.

אניס

anice

Lubia muslukah

(fagioli all'occhio)

Rosh ha-Shanah

2 cucchiaini di olio di oliva

1 cipolla tritata

1 kg di fagioli all'occhio freschi

½ cucchiaino di sale

½ cucchiaino di pepe

1 spicchio di aglio

½ cucchiaino di rosmarino secco

¼ di cucchiaino di salvia secca

Succo di 1 limone

I fagioli all'occhio sono tradizionalmente associati a *Rosh ha-Shanah*; esiste la tradizione di benedire i fagioli per auspicare degli avvenimenti felici e per evitare sfortune.

40'

1. Riscaldate l'olio in una pentola, aggiungete i fagioli all'occhio e mezzo litro di acqua e portate a ebollizione. Fate cuocere una decina di minuti. Aggiungete il sale, il pepe, l'aglio, il rosmarino e la salvia. Coprite, abbassate il fuoco e cuocete altri 10 minuti. Abbassate ancora la fiamma, aggiungete il succo di limone e cuocete altri 10 minuti. Servite caldo o freddo, a piacimento.

שומר
finocchio

Charoset

12 datteri, snocciolati e tritati grossolanamente

10 fichi secchi senza il gambo e tritati grossolanamente

10 albicocche secche tritate grossolanamente

Acqua fredda

10 prugne secche, snocciolate e tritate

50 ml di vino rosso dolce per *Pesach*

¼ di cucchiaino di cannella

100 g di noci tritate grossolanamente

Pesach

45'

Si dice che ci sono tante ricette per *charoset* quante famiglie ebraiche. Tutte sono però a base di frutta fresca e secca, datteri, noci, mandorle, spezie, vino o succo di frutta. Oltre a simboleggiare la malta utilizzata dagli schiavi ebrei in Egitto, la dolcezza del *charoset* rappresenta la dolcezza della libertà. Ingrediente immancabile nel piatto del *Seder*, *charoset* può anche essere gustato spalmato sulla *matzah* o nello yogurt per la colazione.

Ecco una ricetta con ingredienti tipici usati dagli ebrei mediorientali.

1. Mescolate la frutta (tranne le noci) e 750 ml d'acqua in una pentola e portate a ebollizione a fuoco medio-alto. Abbassate e fate cuocere, coperto, circa 30 minuti. Mescolate per evitare che la frutta si attacchi e bruci.

2. Quando la frutta è molto morbida, togliete dal fuoco e aggiungete il vino, la cannella e le noci. Servite a temperatura ambiente.

רוזמרין רפואי
rosmarino

Samak ab thum wa rihan

(pesce all'aglio e basilico)

2 cucchiaini d'olio di oliva
1 cipolla affettata
2 pomodori tritati
10 spicchi di aglio affettati
½ cucchiaino di sale
½ cucchiaino di pepe
½ cucchiaino di cumino

½ cucchiaino di paprika
½ peperoncino macinato
Succo di 2 grossi limoni
1,5 kg di filetti di pesce a scelta

Un bel mazzo di basilico tritato

Rosh ha-Shanah

30'

Un piatto di pesce degli ebrei iracheni. La testa del pesce, spesso presentata a parte sul tavolo, simboleggia l'auspicio che Israele sia sempre "alla testa" delle nazioni.

1. Riscaldate l'olio di oliva e aggiungete la cipolla. Abbassate il fuoco e aggiungete i pomodori, l'aglio, il sale, il pepe, il cumino, la paprika, il peperoncino, il succo di limone e un bicchiere di acqua. Portate a ebollizione, quindi abbassate il fuoco e sobbollite per 5 minuti. Aggiungete il pesce e cuocete per circa 15 minuti. Appena prima di spegnere il fuoco, aggiungete il basilico.

פֶּטְרוֹזִילְיָה
prezzemolo

Kakeh b'ahsel (torta di miele)

Il miele è l'ingrediente predominante a *Rosh ha-Shanah*: simboleggia l'auspicio di un anno nuovo dolce e felice. Questa ricetta di origine siriana utilizza anche la *tahina*, la crema di sesamo.

4 uova

80 ml di tahina*

160 ml di miele

1 cucchiaio di estratto di vaniglia

450 g di farina

1 cucchiaino di lievito per dolci

Per la copertura:

160 ml di miele

1 cucchiaio di tahina*

2 cucchiai di semi di sesamo

Rosh ha-Shanah

1. Preriscaldate il forno a 180°C.
2. <u>Per la torta:</u> sbattete uova, *tahina*, miele e l'estratto di vaniglia in una grande insalatiera.
3. A parte, aggiungete il lievito alla farina e mescolate bene, quindi aggiungete alle uova e incorporate bene.
4. Versate l'impasto in uno stampo unto e cuocete fino a quando uno stuzzicadenti inserito nella torta esca pulito (circa 30 minuti).
5. A cottura ultimata, togliete dal forno e lasciate raffreddare per circa 45 minuti, quindi togliete la torta dallo stampo.
6. <u>Per la copertura:</u> mescolate (per circa 5 minuti) il miele e la *tahina* in un pentolino e cuocete a fuoco lento fino a ottenere una consistenza cremosa. Aggiungete i semi di sesamo e mescolate bene. Togliete dal fuoco e versate subito sulla torta. Lasciate raffreddare per 30 minuti.

תמרינדי

tamarindo

Kitchri (riso e lenticchie)

Tisha be-Av

1 cipolla media

2 spicchi di aglio

450 g di riso Basmati

Acqua

2 cucchiaini di sale

1 cucchiaino di concentrato di pomodoro

½ cucchiaino di cumino

175 g di burro

1 cucchiaio di olio

200 g di lenticchie rosse

60'

Un piatto vegetariano e di "lutto" per ricordare la data funesta del 9 di Av e la distruzione del Tempio di Gerusalemme.

È un piatto che si trova in tutto il Medio Oriente, Egitto compreso.

1. Affettate la cipolla e l'aglio e soffriggete in olio. Aggiungete un litro di acqua, sale, concentrato di pomodoro, cumino e 30 g di burro. Portate a ebollizione e aggiungete il riso, lavato e scolato. Lasciate bollire per un minuto.

2. Aggiungete le lenticchie, dopo averle lavate e scolate, mescolando di tanto in tanto. Quando tutta l'acqua sarà stata assorbita, mettete la pentola nel forno a 180°C per 30 minuti.

3. Fate sciogliere il burro e versatelo sopra il riso, mescolando leggermente con una forchetta.

4. Servite caldo o tiepido.

basilico

ריחן

Levivot
(crêpes al formaggio)

2 uova
250 g di "cottage cheese" (tipo Jocca)
100 g di farina
1 cucchiaino di sale
1 cucchiaino + 2 cucchiai di zucchero
2 cucchiai di burro non salato
2 cucchiai di olio vegetale
½ cucchiaino di cannella

1. Sbattete bene le uova. Aggiungete il formaggio, la farina e un cucchiaino di zucchero e mescolate bene.
2. Riscaldate una padella e fate sciogliere un cucchiaio di burro e un cucchiaio d'olio. Versate un cucchiaio colmo di pastella nella padella, appiattendo con il dorso di un cucchiaio. Cuocete entrambi i lati, e continuate fino ad esaurimento della pastella, usando il resto del burro e dell'olio. Scolate le crêpes sulla carta assorbente.
3. Mescolate lo zucchero che rimane con la cannella e cospargete le crêpes appena prima di servirle.

Appunti

30'

פלפל חריף
peperoncino

T'beet (pollo dello Shabbat)

1 pollo grande
500 g di riso Basmati
2 cucchiaini di sale
Pepe
4 cucchiai di grasso di pollo o olio
1 cipolla
1 litro di acqua
<u>Per il ripieno:</u>
225 g di riso Basmati
Il cuore e il fegato del pollo tritati
2 pomodori
1 cucchiaio di concentrato di pomodoro
1 cucchiaino di cardamomo
½ cucchiaino di cannella
½ cucchiaino di curcuma

Un piatto che cuoce tutta la notte del venerdì per il pranzo dello *Shabbat*.

1. Per il ripieno: cuocete il riso in acqua bollente salata. Mescolate le interiora del pollo con i pomodori e aggiungete il concentrato, le spezie e il riso. Farcite il pollo con questo composto.
2. Mettete il grasso di pollo o l'olio in una pentola che possa essere messa nel forno. Tritate la cipolla e soffriggetela, aggiungendo il sale e pepe. Quando le cipolle sono trasparenti, mettete il pollo farcito nel centro e soffriggete a fuoco basso per circa 5 minuti. Aggiungete l'acqua e fate cuocere per mezz'ora. Rimuovete il pollo e aggiungete il riso al sugo (quest'ultimo dovrebbe ricoprire il riso di circa 2,5 cm). Eventualmente allungate con acqua. Fate cuocere fino al completo assorbimento del sugo, circa per 10-15 minuti. Mettete il pollo in mezzo al riso. Coprite la pentola e infornate prima di *Shabbat*; cuocete tutta la notte ad una temperatura bassissima.

60'

+ cottura notturna

Banjan n'snobar

(melanzane con pinoli)

2 melanzane

2 pomodori tritati

Succo di 2 limoni

75 g di pinoli

1 spicchio di aglio schiacciato

4 cipollotti tritati

1 cucchiaino di sale

3 cucchiai di olio di oliva

Prezzemolo

Peperoncino (facoltativo)

6 pita (pane "arabo")

45'

+ tempo di raffreddamento

1. Infornate le melanzane, che avrete lavato, asciugato e bucato con una forchetta, nel ripiano più alto del forno e fatele arrostire a 200°C per 30 minuti o fino a quando siano tenere.

2. Toglietele dal forno, apritele e lasciatele raffreddare. Nel frattempo, mettete i pomodori, il succo dei limoni, i pinoli, l'aglio, i cipollotti e l'olio di oliva in una grande terrina.

3. Togliete la pelle dalle melanzane e schiacciate la polpa con una forchetta. Aggiungete questa polpa agli ingredienti, mescolate bene e riponete in frigo per qualche ora.

4. Appena prima di servire, decorate con il prezzemolo tritato e il peperoncino (se utilizzato) e servite con spicchi di pane *pita*.

צִיפּוֹרֶן תַּבְלִין

chiodi di garofano

Off manulah b'rotev tapuzim

(pollo farcito all'arancia)

Shabbat
(venerdi sera)

1 kg di pollo intero

250 ml di vino bianco secco

5 spicchi di aglio tritati

2 foglie di alloro

350 ml di acqua

Un pizzico di noce moscata

1 carota, sbucciata e tagliata a fettine

½ cucchiaio di farina

Olio per friggere

1 arancia tagliata a metà e poi affettata

Sale - Pepe

2 foglie di sedano, tritate

Per il ripieno:

2 fegati di pollo

1 uovo

3 cucchiai d'olio per friggere

3 cucchiai di farina di matzah*

1 cipolla piccola tritata

1 cucchiaio di prezzemolo tritato

Sale

Pepe

75'

1. <u>Preparate prima il ripieno</u>: soffriggete i fegatini di pollo e la cipolla nell'olio a fuoco basso, poi tritateli insieme. Mettete il composto in una ciotola con la farina di *matzah*, il prezzemolo, l'uovo, il sale e il pepe e mescolate bene. Farcite il pollo con questo ripieno.

2. In una pentola bassa, soffriggete il pollo su tutti i lati. Mescolate insieme l'aglio, il sale e il pepe e strofinate sul pollo.

3. Adagiate il pollo in una pirofila, aggiungete l'acqua, il vino, le carote, il sedano, la noce moscata e le foglie di alloro. Cuocete a forno moderato per circa 30 minuti.

4. Sfornate il pollo. Mescolate la farina con il succo di arancia, versate nella pirofila, rimettete il pollo in forno e lasciate cuocere per altri 10 minuti.

5. Decorate con le fettine di arancia e servite.

קורנית

timo

Dja'jeh b'ahsel

(pollo con prugne e miele)

200 g di prugne secche
(snocciolate e messe a bagno
in acqua fredda per 15 minuti)

1 cucchiaino di cannella
in polvere

50 ml di olio di oliva

2 grosse cipolle tritate

3 bastoncini di cannella

2 kg di pollo in porzioni,
senza la pelle

Sale - Pepe nero

100 g di albicocche secche
(snocciolate e messe a bagno
in acqua fredda per 15 minuti)

50 g di miele

90'

1. Mettete le prugne con l'acqua di ammollo in una pentola piccola. Portate a ebollizione, quindi riducete la fiamma e fate cuocere per una decina di minuti. Aggiungete il miele e la cannella in polvere. Continuate a cuocere per altri 5 minuti. Togliete dal fuoco e tenete da parte.

2. Riscaldate l'olio in una padella e rosolate le cipolle. Dopo 5 minuti, aggiungete i pezzi di pollo e rosolate, girandoli per dorarli su entrambi i lati. Aggiungete sale, pepe, i bastoncini di cannella e 500 ml di acqua, girate bene e portate a ebollizione. Versate la salsa di prugne sopra il pollo, abbassate il fuoco e lasciate cuocere a fiamma bassa, coperto, per un'ora.

3. Scoperchiate la padella ed eventualmente lasciate cuocere ancora, se il sugo è troppo acquoso: dovrebbe essere piuttosto denso.

4. Servite su un grande piatto da portata, decorato con le albicocche secche.

פלפל שחור

pepe nero

Sufganiyot (frittelle)

1 bustina di lievito secco

100 g di zucchero

250 ml di latte tiepido

500 g farina

1 cucchiaino di sale

2 uova

3 cucchiai di burro

Olio per friggere

Marmellata a scelta

Zucchero

45'

+ tempo di lievitazione

1. Mettete il lievito, il latte tiepido e il sale in una ciotola. Lasciate riposare una decina di minuti.
2. Setacciate la farina e il sale. Aggiungete le uova, il latte, il lievito e il burro. Mescolate bene fino ad ottenere una pasta collante e morbida. Sul piano di lavoro infarinato, lavorate l'impasto, eventualmente aggiungendo della farina, fino a renderlo elastico.
3. Mettete in un'insalatiera, ricoprite di pellicola e lasciate in un luogo tiepido. L'impasto deve raddoppiare di volume (circa un'ora e mezza).
4. Abbassate l'impasto, coprite con uno strofinaccio ed aspettate 5 minuti.
5. Ritagliate le frittelle con uno stampino rotondo, copritele e lasciate riposare 20 minuti.
6. Riscaldate l'olio, immergetevi le frittelle e lasciatele dorare. Scolate le frittelle sulla carta assorbente e cospargetele di zucchero.
7. Una volta fredde, inserite la marmellata utilizzando una siringa da dolci.

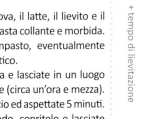

פלפל חריף

peperoncino

43

Ka'k b'loz (dolcetti di mandorle)

500 g di mandorle spellate
225 g di zucchero
50 g di zucchero a velo, per la decorazione
Acqua di fior d'arancio

20'

Popolari in tutto il Medio Oriente, questi dolcetti fanno parte anche della tradizione ebraica e sono perfetti per *Pesach*, in quanto non contengono farina.

1. Tritate le mandorle (riservandone una ventina) con lo zucchero e lo zucchero a velo nel robot da cucina; nel frattempo, aggiungete l'acqua di fior d'arancio, qualche goccia alla volta, fino a ottenere un composto piuttosto appiccicoso ma liscio.
2. Prendete un pezzo della pasta di mandorle grande come una noce e arrotolatelo a formare un "sigaro" di circa 5 cm. Formate un "anello" con questo e decorate con una mandorla intera nel punto di unione.
3. Disponete i dolcetti su una teglia e spolverate di zucchero a velo.

salvia
מרווה

Halek (sciroppo di datteri)

2,5 kg di datteri snocciolati
Acqua
Noci o mandorle tritate

150'

+ tempo di ammollo

Una versione irachena di *charoset*, il tradizionale composto di frutta secca e/o fresca per il *Seder* di *Pesach*.

1. Risciacquate i datteri e metteteli in una grande pentola. Aggiungete acqua bollente fino a coprirli e lasciate a bagno tutta la notte.
2. L'indomani, portate i datteri a ebollizione nella stessa acqua e fate sobbollire per 5-10 minuti. Lasciate raffreddare e scolate i datteri, pressandoli in modo da estrarre tutto il succo. Eliminate la polpa.
3. Versate il succo in una pentola pulita, portate a ebollizione a fuoco medio e schiumate. Abbassate il fuoco e lasciate cuocere per circa due ore: deve diventare uno sciroppo denso.
4. Per il *Seder* si aggiungono noci o mandorle tritate.

curry
קארי מאכלי

45

Hariri (latte di mandorle)

Yom Kippur

450 g di mandorle
1,5 litri di latte o acqua
200 g di zucchero
½ cucchiaino di cardamomo

30'

Una specialità degli ebrei di origine irachena per rompere il digiuno dopo *Yom Kippur*. Il nome deriva dalla parola araba per "seta" poiché la bevanda dovrebbe scendere nello stomaco dopo il digiuno liscia come la seta!

1. Versate l'acqua o il latte in un frullatore e aggiungete le mandorle poco alla volta. Frullate per circa due minuti. Filtrate in una pezza di mussola e poi strizzate per estrarre tutto il liquido. Versate in una pentola, aggiungete lo zucchero e il cardamomo e portate lentamente a ebollizione. Abbassate la fiamma e dopo un minuto togliete dal fuoco.

2. Il risultato è un latte denso che può anche essere allungato con acqua.

אניס
anice

Sim smeeyeh

(dolcetti al sesamo e al miele)

1 cucchiaio d'olio vegetale

150 g di semi di sesamo

150 g di zucchero

75 g di miele

½ cucchiaino di zenzero macinato

¼ di cucchiaino di cannella

30'

+ tempo di raffreddamento

1. Preriscaldate il forno a 180°C. Spennellate un grande piatto con l'olio.
2. Mettete i semi di sesamo su una teglia e tostate nel forno per circa 10 minuti.
3. In un pentolino, fate sciogliere per 4-5 minuti a fuoco basso lo zucchero, il miele, lo zenzero e la cannella. Alzate la fiamma e portate a ebollizione e continuate a far sobbollire per 1 minuto. Girate in continuazione per evitare che lo sciroppo si attacchi. Togliete dal fuoco, aggiungete i semi di sesamo e mescolate bene. Versate il composto sul piatto unto e lasciate raffreddare per una decina di minuti.
4. Bagnate le mani in acqua fredda e schiacciate il composto leggermente. Tagliate a quadretti o rombi. Lasciate raffreddare ancora 5 minuti e poi sistemate i dolcetti su un altro piatto unto. Lasciate raffreddare e asciugare ancora due ore.

שומר
finocchio

Aurook patata wa lahm

(polpette di patate farcite di carne)   Hanukkah

8 grosse patate, sbucciate e tagliate a dadi

½ cucchiaino di sale

1 kg di carne trita (manzo, agnello, pollo o tacchino)

½ cucchiaino di sale

2 spicchi di aglio

½ cucchiaino di peperoncino

½ cucchiaino di paprika

½ cucchiaino di zenzero macinato

1 cucchiaino di curry

Succo di 1 limone

4 cucchiai di olio vegetale

2 cipolle tritate

200 g di uvetta

1 uovo sbattuto

Per la festa di *Hanukkah* si frigge, si frigge e si frigge! Per una volta la dieta viene accantonata!

Questo piatto, che appartiene alla tradizione degli ebrei iracheni, è preparato in particolare proprio per questa festa.

1. Lessate le patate in acqua salata e riducetele in purea.
2. Mescolate la carne, il sale, l'aglio tritato, la paprika, lo zenzero, il curry e il succo di limone, coprite e poi riponete in frigo per mezz'ora.
3. Riscaldate 1 cucchiaio d'olio vegetale in una padella e aggiungete le cipolle. Abbassate il fuoco, aggiungete la carne e fate cuocere una decina di minuti. Abbassate ulteriormente la fiamma, aggiungete l'uvetta e cuocete ancora due minuti. Togliete dal fuoco e lasciate raffreddare.
4. Dividete la purea di patate in venti porzioni. Tenendo una ciotola d'acqua fredda accanto, modellate ogni porzione in modo da formare una pallina vuota. Bagnate spesso le mani nell'acqua per impedire all'impasto di incollarvisi. Mettete 2 cucchiai del ripieno in ogni pallina vuota e modellate in modo da formare una polpetta ripiena. Schiacciate leggermente la polpetta.
5. Spennellate le polpette con l'uovo. Riscaldate il resto dell'olio in una padella e friggete le polpette.

45'

basilico

ריחן

La cucina del Medio Oriente cristiano

di Carlo Giorgi

Attenzione al valore simbolico dei piatti e nessun ingrediente precluso allo chef. Se c'è una cosa che differenzia la cucina cristiana dalle altre due grandi tradizioni culinarie della Terra Santa (quella ebraica e quella islamica), è l'estrema varietà degli ingredienti a disposizione di chi sta ai fornelli: mentre i cuochi *kasher* e *halal* sono tenuti a rispettare regole precise, che sanciscono in modo rigoroso quali ingredienti utilizzare e pure, talvolta, in che combinazione farlo, i cuochi cristiani non hanno alcuna prescrizione religiosa da osservare. Per loro è possibile, ad esempio, infornare carne di agnello o di maiale e farcirla a piacimento; cucinare ogni genere di pesce; e unire, in una stessa ricetta, un qualsiasi tipo di carne ai più disparati derivati del latte. Nonostante l'estrema libertà di cui gode, tuttavia, la cucina cristiana mediorientale ha una sua identità precisa ed è solidamente radicata in una tradizione ricca di simboli. Gli ingredienti scelti, i colori dei piatti sfornati, anche la forma in cui il cibo è modellato, sono spesso segni che rimandano direttamente ai significati religiosi delle feste cristiane. E scoprire il valore "simbolico" di un piatto gustato per Pasqua o Natale da generazioni di fedeli d'Oriente, o condividere antichi ricordi risvegliati nel cuore dal sapore del dolce della festa, diventa un modo originale, umano e concreto per farsi sempre più prossimi ai cristiani di Terra Santa.

Sono due i grandi capitoli della cucina cristiana mediorientale: il primo è quello della tradizione araba; il secondo, senza dubbio, quello della cucina armena. Provando a metterne a fuoco le peculiarità, potremmo dire che la prima è la tradizione di "chi è rimasto", dei cristiani che ancora oggi abitano le terre in cui Gesù è vissuto, è morto ed è risorto; la seconda, invece, è spesso la cucina di chi è partito, di chi - suo malgrado - ha sulle spalle secoli di "diaspora" e persecuzioni.

Attenzione però: la cucina araba cristiana (e questo potrebbe sembrare un limite) mostra infinite contaminazioni e inevitabili sovrapposizioni con la cucina araba islamica del Medio Oriente. Un cristiano arabo che leggesse queste pagine scoprirebbe, tra le ricette che definiamo "islamiche", molti piatti che mangia abitualmente, prelibatezze di cui va ghiotto e che considera semplicemente arabe, a prescindere dalla fede. E questo vale probabilmente anche per un lettore arabo musulmano alle prese con la sezione delle ricette "cristiane". Molte ricette "leggere" (ad esempio prive di carne), che gli arabi musulmani mangiano in ogni momento dell'anno, gli arabi cristiani le preparano durante la Quaresima. Ciò che conta, per gli uni e per gli altri, è la semplicità del piatto che ben si associa alle esigenze di sobrietà e digiuno delle rispettive fedi. Secoli di convivenza e vicinanza, per fortuna, hanno amalgamato gusti e accomunato repertori culinari. Quindi nessuno scandalo se alcune ricette si sovrappongono o se appaiono intercambiabili. D'altra parte è pur vero che i cristiani arabi hanno dalla loro l'originalità e la forza della tradizione, legata alla fede: ogni festa religiosa in Libano, Siria, Palestina o Giordania viene celebrata con uno o più piatti, fedelmente cucinati dalla comunità cristiana. Piatti arabi che, su una mensa cristiana, si rivestono di simboli sconosciuti a un musulmano, e riescono a fare memoria del senso profondo della festa. Le testimonianze che abbiamo raccolto in queste pagine ne sono la conferma.

La cucina armena, dal canto suo, in molti casi si rivela essere invece una cucina della "diaspora". Piatti ancora oggi cucinati con semplicità in madrepatria, si sono arricchiti di contributi turchi e mediorientali a causa di secoli di migrazioni. Di Paese in Paese, le ricette hanno appesantito il loro bagaglio di spezie e ingredienti, testimoniando così la storia di viaggi e tragedie della prima nazione cristiana. Dai tempi del "genocidio", per un armeno della diaspora mangiare il pane della Pasqua o il dolce di Natale ricco di mandorle e melograno, significa mitigare la malinconia della terra perduta, fare memoria della tragedia dell'annientamento di un popolo e, ogni volta di più, confermare con orgoglio rafforzato le proprie radici nazionali e religiose. La cucina armena, complicata e barocca, è epica come le storie della sua gente. E le testimonianze delle cuoche che leggerete in queste pagine sono solo un piccolo assaggio di una vita che continua con ostinazione.

La mensa dei cristiani arabi: condivisa con i musulmani, ma con un significato unico

«I miei ricordi sono soprattutto legati all'Epifania», racconta padre Raphael Zghei, sacerdote libanese maronita che vive e studia a Roma. «Noi orientali - maroniti, siri, melchiti, caldei - teniamo l'Epifania in grande conto, almeno quanto la festa di Natale. L'Epifania, il 6 gennaio, è la festa del battesimo di Gesù; ed è in quest'occasione che si è manifestata per la prima volta, nella storia della Salvezza, la Trinità. Per questo per noi è così importante. C'è addirittura un autore della letteratura libanese, Maroun Abboud (1886-1962), che ha scritto un racconto su questa Notte dell'Epifania. Durante questa notte, che è una notte di Luce, noi maroniti celebriamo la messa a mezzanotte. Un tempo, si benediceva l'acqua del fiume dove venivano anche celebrati i battesimi e, in Chiesa, si buttavano tre carboni ardenti nell'acqua del battistero a indicare la discesa dello Spirito Santo. Ecco, c'è un piatto speciale che da noi si cucina proprio per l'Epifania, e si chiama *Ouayamate*, che significa "quello che galleggia". Si tratta di una pasta dolce, fritta nell'olio, che si mangia poi con lo zucchero e una crema di uva o carrube. Per cucinare questo dolce, la pasta viene tuffata nell'olio e questo richiama il battesimo di Gesù. Non solo: una parte della farina usata per la pasta, per tradizione viene lasciata fuori dalla casa, assieme ad alcune candele accese. Si dice che, in questa notte, il Signore passa e benedice le case in cui trova la luce. La tradizione popolare vuole, poi, che mentre passa tutti gli alberi si inchinino al Signore, tutti tranne il fico, proprio l'albero senza frutti che, nel Vangelo, il Signore ha maledetto e fatto seccare».

La festa cristiana, ovunque e anche in Medio Oriente, è soprattutto condivisione e incontro. «Mio padre racconta che quando era giovane lui, ed erano tutti più poveri in Libano, il giorno di Natale si festeggiava la festa del "buon giorno" - continua padre Raphael -, in cui la prima buona azione era la condivisione: si faceva bollire del granturco e lo si condivideva con i familiari e con chi non ne aveva».

La fine della Quaresima è l'arrivo della Pasqua che viene festeggiata con un dolce, il *Ma'moul* (ricetta a p. 66), speciale soprattutto per i bambini: «È un dolce con un ripieno consistente - spiega padre Raphael -, a forma di piccolo cono rovesciato, coperto di zucchero a velo. Soprattutto un tempo, da noi, i cristiani durante la Quaresima facevano un digiuno serio: non mangiavano né carne, né latticini, né uova. Solo verdure cucinate con olio. Mangiare il *Ma'moul* era il modo di festeggiare la fine del digiuno». «I miei ricordi di bambino sono legati proprio al *Ma'moul*, che si prepara nella Settimana Santa e può essere mangiato solo la Domenica di Pasqua - racconta fra Toufic Bou Merhi, libanese, superiore del convento di San Giuseppe dei frati minori della Custodia di Terra Santa a Beirut. E guai ai bambini che lo toccano prima! È una tentazione grande per i più piccoli e io ricordo la trepidazione dell'attesa legata a questo dolce! La tradizione vuole che, in genere, le famiglie si riuniscano per cucinarlo. È un momento molto bello perché è l'occasione di incontro e condivisione tra vicini. Di solito si va nella cucina della cuoca più esperta (nel nostro caso, ad esempio, i vicini venivano proprio da noi) e le donne lavorano insieme a fare il dolce. Ai bambini, come ricompensa per l'aiuto dato, si lascia una piccola parte dell'impasto, che viene messo in una formina speciale. Il *Ma'moul* ha diversi significati religiosi: esternamente ha un involucro di pasta, dentro ci sono i datteri. È il simbolo del Sepolcro in cui è stato riposto quanto ci sia di più dolce, Gesù. Inoltre, la forma del *Ma'moul* è una ciambella un po' spigolosa. E questo richiama la corona di spine del Signore sulla croce».

Una ricetta che testimonia la contaminazione e la condivisione di piatti tra la cucina arabo-cristiana e quella arabo-islamica è il *Mansaf* (ricetta a p. 104), un piatto di agnello bollito affondato in un ricco contorno di riso e yogurt. Per un arabo musulmano il *Mansaf* segna la fine del digiuno di *Ramadan*. Sulla mensa di una famiglia cristiana mediorientale, invece, il *Mansaf* è qualcosa di più di un ricco piatto di carne: «In Giordania noi lo cuciniamo in occasione di tutte le grandi feste religiose - racconta fra Feras Hejazin, giordano e parroco della parrocchia latina di Gerusalemme -. Per noi yogurt e riso sono il segno della purezza e della resurrezione, mentre l'agnello è il segno del sacrificio di Gesù per tutti. Mi ricordo che in occasione della mia ordinazione sacerdotale il piatto forte era proprio il *Mansaf*! Un altro piatto pieno di significato è lo *S'liga* - continua fra Feras -, un dolce fatto con grano bollito, non macinato e lasciato ad asciugare. Poi viene mischiato a cannella e ad anice macinato, ricoperto di zucchero a velo e adornato di caramelle colorate per i bambini o decorato con parole o frasi significative. Questo piatto, in occasione dei funerali, viene offerto il terzo giorno dalla morte della persona amata. Segno che Gesù è quella spiga di grano che muore per tutti noi e che dà molto frutto».

Ma ogni festa, in definitiva, ha la sua ricetta, secondo un rigoroso calendario che ricorda ai cristiani arabi il senso della loro fede. Nedal Al Chamma, cristiano della Siria appassionato di cucina, da alcuni anni trapiantato in Italia, sgrana date e piatti della comunità ortodossa siriana: «Il 6 gennaio, per l'Epifania, si mangiano le *karabish*, ciambelle ricoperte di glassa, simbolo di purezza; il 25 marzo, giorno dell'Annunciazione, si mangia pesce, perché si digiuna dalle carni, così come la domenica delle Palme. La domenica di Pasqua si mangia lo *Shakrie* (ricetta che ricorda il

Mansaf libanese, ndr), composto da yogurt e riso, che significa purezza, in cui è immersa carne di agnello bollita. Il sabato di Lazzaro (nella liturgia bizantina il sabato che precede la domenica delle Palme, ndr), si mangia l'*Harira*, riso bollito con maizena. Il giorno di San Giacomo, si mangiano le *Tamria*, ciambelle simili al *ka'ak b'adjwah*. Il giorno di Santa Tecla la *mujaddara,* però con *burghul*, e non con il riso. Il giorno di Santa Barbara è la volta del *Burbara* (ricetta a p. 77), un dolce cucinato soprattutto per i bambini. Il *Burbara*, a casa nostra da sempre lo prepara mia zia e poi lo distribuisce a tutti i vicini. È un dono che tutte le famiglie non possono non accettare, è un modo di condividere. Il 14 settembre, infine, si celebra la festa dell'Esaltazione della Croce: si dà fuoco a una croce, per indicare la luce che da essa viene, si benedice l'uva prodotta dalle campagne e la si mangia».

Sahatain!*

La mensa dei cristiani armeni: la memoria della diaspora

«Il melograno è usatissimo nei nostri piatti: è un noto simbolo di abbondanza; ma i suoi chicchi sprigionano anche un rosso sugoso, che ricorda la passione e il genocidio di cui noi armeni siamo stati fatti oggetto». Ascoltare la signora Virjin Manoukian parlare di cucina, e in particolare della cucina del suo popolo, non è attività che possa stancare. Virjin è una cuoca famosa tra gli appassionati: nel 1987 ha pubblicato il libro *Cucina armena* corredato da splendide riproduzioni fotografiche. Volume oggi difficilmente reperibile, conservato da collezionisti e intenditori. La signora Manoukian, nipote di sopravvissuti al genocidio, lo ha scritto ispirata da sua nonna: «A mia nonna Veronica - si legge nella dedica del libro -, che sfuggendo ai massacri di Adana portò

*Buon appetito!

con sé il patrimonio della tradizione culinaria armena; e a mia madre che ha saputo conservarlo per noi».

Le cuoche armene si tramandano oralmente, da sempre, i segreti della cucina e il suo patrimonio, di madre in figlia, di generazione in generazione. «Mia nonna l'ha insegnato a mia madre - spiega Virjin - e mia madre a me. Mio papà era legatissimo alle tradizioni; lui è dovuto scappare a causa dei massacri quando aveva solo nove anni; per lui è stata un'esperienza molto dura, e gli si illuminavano gli occhi quando poteva mangiare un piatto armeno. Anche per il legame con mio padre, ho imparato a cucinare mantenendo viva la tradizione». Una caratteristica dei piatti armeni della diaspora è la ricchezza in fatto di ingredienti: «Nel *Anush abur* (ricetta a p. 72) il dolce di Natale, ad esempio, ci sono tantissime noci, mandorle, uvette, chicchi di melograno - spiega Virjin -. Si tratta di un piatto tradizionale fatto a partire dai frutti della nostra terra, anche perché in Armenia abbiamo noceti meravigliosi. Una particolarità della cucina armena è proprio quella di utilizzare tutti i frutti che la terra offre. Siamo lontani dai grandi piatti della cucina italiana o francese. Qui la particolarità sta nella lavorazione, perché sono tutte ricette molto elaborate: nei nostri piatti sono comuni, ad esempio, piccoli impasti a forma di pallina, la cui lavorazione richiede molto tempo: si fanno, ad esempio, coi fagioli o con la carne trita, mischiata spesso anche con frumento, precotto e poi macinato, che viene chiamato *burghul*». Nella cucina armena non mancano i pani speciali: «Per Pasqua cuciniamo il *Tchorek* (ricetta a p. 62) - continua Virjin - una grande treccia nella quale sono incastonate uova sode con il guscio colorato. Quando si mangia questo pane, per i bambini c'è anche il divertimento del gioco delle uova, che si fanno cozzare le une contro le altre per rompere il guscio. Poi c'è il pane della fortuna, generalmente cucinato a capodanno, nel cui impasto è nascosta una moneta. Trovarla, per un commensale, è un auspicio di buona sorte».

«Il cibo, per gli armeni, in generale è sempre legato al ricordo delle nonne - racconta Marina Mavian, presidente dell'associazione

"Casa Armenia" di Milano -. Le nostre nonne avevano tanta pazienza... La cucina armena è elaborata e i piatti richiedono molto tempo: nuore, suocere, mamme si radunavano per giorni per preparare insieme il cibo. Delle mie due nonne, quella materna era originaria di Smirne, quella paterna di Costantinopoli. La nonna di Smirne si è salvata solo perché, poco prima dell'incendio che distrusse il quartiere cristiano della città, appiccato dai Giovani Turchi, era partita per Venezia, per conoscere i genitori del suo promesso sposo, un ufficiale di marina veneziano. Un piatto semplice, legato alla tradizione armena è quello dell'*Helva* (ricetta a p. 76), a base di semolino. Tra l'altro è il piatto tipico offerto agli ospiti come rinfresco e accoglienza in occasione dei funerali. Come capita spesso, un piatto tradizionale può avere delle varianti: potrà sembrare strano ma mia nonna materna - prosegue - lo cucinava in modo diverso da mia nonna paterna».

Tra i fedeli armeni non mancano gesti simbolici, legati al cibo: «Dopo l'Epifania di solito il sacerdote va in visita alle famiglie cristiane - racconta fra Mounzer Sikias, un frate francescano della Custodia di Terra Santa, siriano ma di origine armena - e compie un rito molto importante: benedice pane, sale e acqua. La benedizione di questi tre elementi è il segno per augurare, durante tutto l'anno, cibo a quella famiglia».

Pari akhorjak!*

*Buon appetito!

Paghdi' kata' (pane della fortuna)

<u>Per due pagnotte</u>
550 g di farina
½ cucchiaino di sale
15 g di lievito di birra
140 g di miele

120 ml d'acqua
120 ml d'olio di oliva

… e 2 monete ben lavate
(si chiama "pane della fortuna"!)

metà Quaresima
-Armenia-

1. Fate sciogliere il lievito in 50 ml di acqua tiepida. Versate la farina, il sale e il lievito sciolto in una terrina. In una pentola, fate riscaldare a fuoco basso il miele, l'olio e il resto (70 ml) dell'acqua. Versate nella farina e lavorate l'impasto con un cucchiaio di legno e successivamente con le mani per una decina di minuti, fino a ottenere una pasta abbastanza compatta. Coprite con un telo e lasciate riposare la pasta per una mezz'oretta. Dividete l'impasto in due parti e formate due pagnotte rotonde.

2. Infilate una moneta in ogni pagnotta e decorate la superficie del pane con una forchetta. Ungete una teglia da forno, adagiatevi le pagnotte e lasciate riposare ancora 30 minuti.

3. Spennellate la superficie del pane con del miele. Dopo aver preriscaldato il forno, infornate a 180°C per 20 minuti in una posizione bassa e quindi per altri 20 minuti in una posizione superiore, assicurandovi che la superficie sia ben dorata.

60'
+ tempo di riposo

basilico
ريحان

Bahki miss hatz

(pizzette di Quaresima)

20 g di lievito di birra
1 cucchiaino di zucchero
25 ml d'acqua tiepida
450 g farina 00
1 cucchiaino di sale
½ cucchiaino di peperoncino
1 cucchiaino di olio di oliva

Per la farcitura:
150 g di noci tritate
60 g di mandorle pelate e tritate
1 cipolla tritata
1 peperone tritato
4 cucchiai di prezzemolo tritato
12 olive nere snocciolate e tritate
2 spicchi di aglio schiacciati
300 g di pomodori freschi pelati e tritati
1 cucchiaio di dibbs ruman*
2 cucchiai di succo di limone

rosmarino
إكليل الجبل

1,5 cucchiaini di sale
½ cucchiaino di peperoncino
½ cucchiaino di pepe nero
1 cucchiaino di concentrato di pomodoro
Spicchi di limone per decorare o succo di limone

1. Mettete il lievito in una ciotola con lo zucchero e aggiungete metà dell'acqua. Lasciate in un luogo caldo perchè produca una schiuma.
2. Versate la farina, il sale e il pepe in un'insalatiera e aggiungetevi il lievito; incorporate l'acqua poco alla volta, quindi l'olio e lavorate per ottenere una pasta morbida. Versate sul piano di lavoro e lavorate energicamente per almeno 10 minuti fino a ottenere una pasta molto elastica. Ungete la superficie, ricopritela con uno strofinaccio e lasciate lievitare per circa due ore.
3. Nel frattempo, preparate la farcitura mescolando tutti gli ingredienti.
4. Quando la pasta sarà lievitata, lavoratela ancora per qualche minuto e dividetela in porzioni grandi come una pallina da ping pong, quindi copritele con uno strofinaccio e lasciate riposare per un ulteriore quarto d'ora.
5. Abbassate le porzioni di pasta per ottenere una base di circa 15 cm di diametro.
6. Preriscaldate il forno a 260°C. Ungete una teglia da forno e disponetevi le pizze con 2 cucchiai di farcitura spalmati sopra. Infornate per circa 15 minuti.
7. Servite subito, con spicchi di limone o versandoci sopra del succo di limone.

بقدونس

prezzemolo

Topik (ravioli di pasta di ceci farciti)

Per i ravioli:

500 g di ceci

300 g di patate

1,5 cucchiaini di sale

Pepe

Per il ripieno:
(da preparare il giorno prima)

2 cucchiai di farina

1 kg di cipolle tagliate a fettine sottili

3 cucchiai di olio di oliva

3 cucchiai di uvetta

3 cucchiai di pinoli

2 cucchiai di prezzemolo tritato

3 cucchiai di tahina*

1,5 cucchiaini di sale

1,5 cucchiaini di cumino

½ cucchiaino di pepe

Cannella

1. Lasciate in ammollo i ceci dalla notte prima e poi cuoceteli bene. Scolateli e sbucciateli sfregandoli in uno strofinaccio.
2. Lessate le patate e quindi riducetele in puré con lo schiacciapatate insieme ai ceci. Salate e pepate e lavorate bene questo impasto per ottenere un composto ben amalgamato.
3. Fate riscaldare 3 cucchiai di olio di oliva in una padella, soffriggete la cipolla a fuoco lentissimo e a padella coperta. Aggiungete la farina, che diventerà di un bel colore brunito, e togliete la padella dal fuoco. Aggiungete i pinoli, l'uvetta, il prezzemolo, la cannella, sale e pepe e, da ultimo, la *tahina*. Mescolate il tutto e riponete in frigo.
4. I "ravioli" vanno preparati utilizzando quadretti di tela bianca (grandi come un fazzoletto). Bagnateli in acqua fredda e strizzateli. Stendete un telo alla volta sul piano di lavoro e adagiate sopra una quantità di impasto ceci-patate grande come una piccola arancia. Abbassate l'impasto con un mattarello per ottenere un quadrato di circa 20 x 20 cm, dello spessore di mezzo centimetro. Mettete due cucchiai di ripieno al centro del quadretto di pasta. Utilizzando i quattro angoli del telo, riunite i quattro angoli dell'involucro di pasta e annodate il telo in modo da formare un fagottino.
5. Portate una pentola capiente di acqua salata a ebollizione e immergete i *topik*, cuocendoli per 15-20 minuti.
6. Adagiateli su un piatto, tenendolo inclinato per eliminare l'acqua, e aprite i fagottini di tela. Mettete i *topik* su un piatto da portata e lasciate raffreddare. Per servirli, conditeli con un filo di olio di oliva, cannella e succo di limone.

60ᵢ

+ tempo di ammollo

تمر هندي
tamarindo

Tchorek (pane di Pasqua)

125 ml di latte intero

250 g di burro

110 g + 2 cucchiaini di zucchero

65 ml d'acqua tiepida

1 bustina di lievito + ½ bustina

2 uova - 375 g di farina

2 cucchiaini di mahlab* in polvere

2 pizzichi di sale

1 uovo sbattuto

1 cucchiaino di semi di sesamo

1. Versate il latte in una pentola, aggiungete il burro e ponetela sul fuoco medio. Fate riscaldare per sciogliere il burro ma senza far bollire. Incorporate 110 g di zucchero e girate per farlo sciogliere. Rimuovete la pentola dal fuoco e lasciate intiepidire.

2. Nel frattempo, sciogliete i 2 cucchiaini di zucchero in una tazza di acqua tiepida. Versate la bustina di lievito sulla superficie e lasciate riposare una decina di minuti fino a quando si formi una schiuma.

3. Rompete le uova in una ciotola e sbattetele, per rompere il tuorlo. Incorporate il composto a base di latte senza smettere di girare, facendo attenzione a non far cuocere le uova. Aggiungete il lievito e girate fino ad ottenere una consistenza omogenea.

4. In una grande insalatiera, mescolate la farina, la mezza bustina di lievito, il *mahlab* e il sale. Fate un pozzo al centro e versateci il miscuglio di latte e uova. Girate fino ad ottenere una pasta densa e appiccicosa. Versate su un piano di lavoro leggermente infarinato e lavorate per 10 minuti, aggiungendo farina per ottenere una consistenza ferma e malleabile. Adagiate in una terrina unta e riponetela in un luogo caldo per circa due ore, per raddoppiare il volume.

5. Una volta raddoppiata di volume, schiacciate la pasta con le mani quindi lasciatela lievitare ancora un'ora: dovrebbe raddoppiare di volume ancora una volta.

6. Dividete la pasta in 2 porzioni uguali, poi separate ciascuna in altri 3 pezzi. Abbassate tutti i pezzi in "salsicce" di circa 30 cm di lunghezza e formate 2 grosse trecce. Schiacciate insieme le estremità per fissare le trecce e ripiegatele sotto. Ponete le pagnotte in una teglia su carta da forno e lasciatele lievitare per almeno un'ora. Le pagnotte sono pronte per essere infornate quando, schiacciando leggermente la pasta, il dito lascia il segno.

7. Riscaldate il forno a 180°C. Spennellate il pane con l'uovo sbattuto e poi cospargetelo con i semi di sesamo.

8. Fate cuocere per 25 minuti: le pagnotte devono essere dorate e croccanti.

+ tempo di lievitazione

60'

فليفلة حريفة

peperoncino

Kebbe zengliye (polpette agli spinaci)

2 kg di spinaci

3 mazzetti di prezzemolo

5 cipolle grattugiate

100 g di burghul*

3 cucchiaini di coriandolo in polvere

Quaresima
-Siria-

300 g di ceci cotti

100 g di farina

Sale - Olio vegetale

Dibbs ruman*

1. Lavate gli spinaci, togliete la costola in mezzo e tenete il verde. Tritate il verde finemente, insieme al prezzemolo e strizzate bene per eliminare il massimo di acqua. Lavate il *burghul* e scolatelo; grattugiate la cipolla con il sale. Mescolate tutti questi ingredienti con la farina (aggiungendone poca alla volta) e il coriandolo e impastate bene con le mani.

2. L'impasto dovrebbe avere una consistenza tale da poter formare delle polpette appiattite. Aggiungete i ceci e mescolate. Formate le polpette.

3. Riscaldate bene l'olio per friggere i *kebbe*.

4. Serviteli con il *dibbs ruman* per poterli intingere.

45'

Appunti

cardamomo

هال

Kibbe' 'adas (polpette di lenticchie)

250 g di lenticchie rosse
125 g di burghul*
750 ml di acqua
2 cucchiai di menta secca
3 cucchiai di cumino

1 cucchiaio
di peperoncino rosso

1 cipolla tritata

2-3 cucchiai d'olio
di oliva

Quaresima
-Siria-

45'

1. Mettete le lenticchie con l'acqua in una pentola e fate cuocere a fuoco basso per circa 30 minuti, lasciando la pentola semi-coperta.
2. Un po' di acqua di cottura dovrebbe essere rimasta nella pentola. Versateci il *burghul* e lasciate che assorba l'acqua di cottura, insieme alle lenticchie.
3. Riscaldate l'olio e soffriggete la cipolla fino a quando non diventi trasparente. Aggiungete la menta secca e le spezie.
4. Mescolate le cipolle e le spezie con le lenticchie e il *burghul* e lasciare raffreddare.
5. Formate delle polpette appiattite con le mani. Condite con qualche goccia di olio di oliva e servite su un piatto insieme a un'insalata di pomodori, prezzemolo, menta e cipolline, il tutto tritato finemente e condito con olio di oliva.

قرنفل
chiodi di garofano

Prinzov bras yahni (porri con riso)

800 g di porri
10 ml di olio di oliva
250 g di cipolle (a fettine sottili)
2 pomodori maturi
(tagliati a dadini)

5 grani di pepe - Sale
100 g di riso a chicco lungo
20 ml d'acqua
Succo di un limone
Sumak* per la decorazione

Quaresima
-Armenia-

45'

1. Dividete i porri in due verticalmente, quindi a pezzetti di circa 4 cm. Lavateli bene e scolateli. Riscaldate l'olio e fate rosolare le cipolle. Aggiungete i porri e mescolateli con le cipolle.
2. Aggiungete il riso, i pomodori, il sale, i grani di pepe, l'acqua e portate ad ebollizione. Abbassate la fiamma, ponete uno strofinaccio ripiegato sopra la pentola e mettete il coperchio. Fate cuocere per circa mezz'ora: il riso dovrebbe essere cotto e tutta l'acqua assorbita. Aggiungete il succo di limone e lasciate sulla fiamma ancora qualche minuto.
3. Può essere servito caldo o freddo. Cospargete di *sumak* prima di portare in tavola.

زعتر
timo

Ma'moul (dolcetti farciti di noci)

500 g di farina
250 g di burro
2-3 cucchiai d'acqua di fior d'arancio o acqua di rosa
4-5 cucchiai d'acqua o latte
Zucchero a velo

Per il ripieno:
175 g di noci
1 cucchiaio di zucchero
1 cucchiaino di cannella

Pasqua/Natale

60'

1. Setacciate la farina e aggiungete il burro. Mescolate con le mani fino a ottenere una consistenza sabbiosa, quindi aggiungete l'acqua di fior d'arancio o di rosa e successivamente il latte o l'acqua, quanto basta per formare la pasta. Lavorate fino ad ottenere un impasto morbido e malleabile.
2. Prendete un pezzo di pasta grande come una noce. Formate una pallina e, con il pollice, lavorate la pasta per ottenere un "vaso".
3. Mescolate le noci tritate con lo zucchero. Aggiungete la cannella e mescolate bene.
4. Riempite i "vasi" con il ripieno di noci e ricoprite con la pasta, per ottenere una forma a pallina. Sistemate i dolci su una teglia da forno e decorateli con pinzette o una forchetta.
5. Infornate a 160°C per 20-25 minuti. Non lasciate che i dolcetti diventino scuri. Una volta freddi, cospargeteli di zucchero a velo.

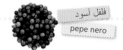

فلفل أسود
pepe nero

Mujaddara (riso e lenticchie)

250 g di lenticchie
2 cipolle tritate
2 cipolle affettate
a mezzaluna

125 ml d'olio di oliva
250 g di riso
Sale
Pepe nero

60'

1. Lavate e scolate le lenticchie. Fatele bollire in acqua per circa 25 minuti (devono rimanere "al dente"). Soffriggete le cipolle tritate in 2 o 3 cucchiai di olio di oliva per dorarle. Aggiungete le cipolle alle lenticchie e aggiustate di sale e di pepe. Mescolate bene e aggiungete il riso, con acqua quanto basta per ricoprire riso e lenticchie di 3-4 cm. Coprite la pentola e fate cuocere a fiamma bassa per una ventina di minuti o fino alla cottura del riso. Eventualmente aggiungete dell'acqua se assorbita troppo velocemente.

2. Friggete le cipolle affettate nel resto dell'olio fino a quando sono quasi caramellate.

3. Servite il riso e le lenticchie su un piatto da portata, con le cipolle fritte sopra.

4. Questo piatto può essere gustato caldo o tiepido. Lo yogurt naturale è un ottimo accompagnamento.

فليفلة حريفة
peperoncino

67

Dabgaz garr (arrosto di agnello)

1 spalla di agnello

200 g di riso - 100 g d'uvetta

200 g di carne trita
(manzo o agnello)

50 g di mandorle pelate a scaglie

1 cucchiaino di sale

½ cucchiaino di pepe nero

½ cucchiaino di pimento

Cannella e chiodi di garofano

Per la cottura:

1 mazzetto di prezzemolo, timo e sedano

1 cipolla
(steccata con chiodi di garofano)

3 foglie di alloro

54 grani di pepe

1 peperoncino piccante

250 g di yogurt

Pasqua
-Armenia-

180'

1. Acquistate una spalla di agnello disossata con una "tasca" per il ripieno.
2. Tenete da parte gli ossi per il brodo. Salate e pepate la carne e riservate.
3. Preparate il ripieno mettendo in un'insalatiera la carne trita, il riso (lavato e poi scolato) e gli altri ingredienti. Mescolate bene insieme e riempite la tasca dell'agnello.
4. Cucite la tasca con spago e ago da cucina per impedire la fuoriuscita del ripieno. Ponete la carne in una pentola con gli ossi.
5. Aggiungete gli aromi e le spezie, coprite di acqua fredda, salate e portate ad ebollizione.
6. Mettete il coperchio e lasciate bollire la spalla per circa due ore, quindi toglietela dal brodo e ponetela in una pirofila leggermente unta.
7. Versate lo yogurt sulla carne e passatela in forno per 30-40 minuti a 200°C, bagnandola con il sugo.

salvia
مريمية

Ujje' baqdounes (frittatine di erbe)

2 mazzetti di prezzemolo

4 cipollotti

Qualche foglia di menta fresca

2 spicchi d'aglio

1 cucchiaino di sale

7 uova

2 cucchiai di menta secca

Olio

Pasqua
-Siria-

20'

1. Tritate il prezzemolo e la menta fresca, affettate le cipolle finemente e schiacciate l'aglio. Mescolate insieme, quindi aggiungete le uova, la menta secca sbriciolata e aggiustate di sale e di pepe.
2. Riscaldate un pochino di olio in una padella (l'ideale sarebbe utilizzarne una piccola) e aggiungete un mestolo del composto. Dorate la frittatina da ogni lato quindi lasciatela scolare sulla carta da cucina per assorbire l'olio in eccesso. Ripetete il procedimento fino a esaurimento del composto.
3. Potete gustare queste frittatine calde, tiepide o fredde.

curry

كاري

Hasd hatz (focaccia dell'Ascensione)

Per il pane:

500 g di farina

150 ml di acqua tiepida

150 ml di latte

2 cucchiai di burro

1 cucchiaio di zenzero in polvere

1 cucchiaio di sale

15 g di lievito di birra

Per la copertura:

½ cucchiaino di zenzero in polvere

½ cucchiaino di pepe nero

1 cucchiaino ciascuno di:

semi di sesamo tostati, semi di cumino tostati, semi di anice, semi di papavero nero, Parmigiano grattugiato, pistacchi tritati, sale

2 tuorli

1 albume

60'

+ tempo di lievitazione

1. Riscaldate il latte, aggiungete metà dell'acqua, il burro, lo zucchero e il sale: fate intiepidire.
2. Nel frattempo, sciogliete il lievito nel resto dell'acqua calda e tenetelo da parte in un luogo caldo per produrre la schiuma.
3. Aggiungete il lievito al latte e poi la farina, poca alla volta, fino a ottenere un impasto morbido, mescolando prima con un cucchiaio di legno poi con le mani.
4. Lavorate l'impasto sul piano di lavoro per circa 15 minuti fino a ottenere una palla morbida ed elastica.
5. Adagiate la pasta in una ciotola unta, coprite e lasciate lievitare in un luogo caldo per circa due ore.
6. Lavorate di nuovo la pasta per qualche minuto e stendetela sulla teglia da forno per uno spessore di circa un centimetro. La focaccia può essere rotonda o rettangolare.

يانسون
anice

7. Mescolate tutti gli ingredienti per la copertura e stendeteli con un pennello sulla superficie della pasta.
8. Lasciate riposare ancora 30 minuti prima di infornare.
9. Infornate nel forno preriscaldato a 230°C e cuocete la focaccia per 10 minuti, quindi abbassate a 180°C per una ventina di minuti.
10. Lasciate raffreddare e poi servite.

شومر
finocchio

Anush abur (dolce di Natale)

Natale
-Armenia-

250 g di frumento intero (o orzo perlato)

250 g di zucchero diluito in due bicchieri di acqua tiepida

200 g di albicocche secche

200 g di uvetta

1 cucchiaio di acqua di rosa

Noci, mandorle e grani di melograno per decorare

Cannella

180'

+ tempo di ammollo

1. Lavate bene il frumento, risciacquatelo e mettetelo a bagno in una pentola capiente per tutta la notte.
2. Il giorno dopo, mettete la pentola sul fuoco (conservando l'acqua di ammollo). Dopo la prima ebollizione, schiumate e abbassate la fiamma.
3. Lasciate cuocere lentamente, mescolando di tanto in tanto.
4. Dopo due ore e mezza di cottura, versate lo zucchero, le uvette e le albicocche, che avrete lavato e tagliato in quattro.
5. Fate cuocere ancora una mezz'ora, sempre mescolando, fino a ottenere la consistenza di un budino.
6. Togliete dal fuoco e lasciate raffreddare. Aggiungete l'acqua di rosa e versate il tutto in una coppa grande o in coppette. Decorate con le noci, le mandorle e i grani di melograno.

basilico
ريحان

Farayek b'zeit (panini dolci)

500 g di farina
¾ di cucchiaino di sale
150 g di zucchero
1,5 cucchiaini di mahlab*
1 cucchiaino di lievito
¾ di tazza di olio di mais

¾ di tazza d'acqua tiepida

Facoltativo:
Semi di sesamo
Albume d'uovo

45'

+ tempo di lievitazione

1. Aggiungete alla farina il sale, lo zucchero, il *mahlab* (o il cardamomo) e il lievito e mescolate bene. Aggiungete l'olio e mescolate fino ad assorbimento. Aggiungete acqua poco alla volta, impastando con le mani. Continuate fino a ottenere una pasta morbida ed elastica.
2. Formate delle piccole pagnotte e sistematele su una teglia. Ricoprite con un panno e lasciatele raddoppiare in volume. Infornate in forno caldo (230°C) per mezz'ora.
3. Volendo, si possono spennellare le pagnotte con un albume d'uovo mescolato con acqua e poi cospargerle di semi di sesamo.

rosmarino إكليل الجبل

Ka'ak b'adjwah

(dolcetti ai datteri)

500 g di semola di grano

200 g di burro

100 ml d'olio di oliva

½ cucchiaio di lievito

4 cucchiai di zucchero

1-2 cucchiai d'acqua di fior d'arancio

<u>Per il ripieno:</u>

150 g di pasta di datteri

4 cucchiai di burro

½ cucchiaino di cannella in polvere

1. Fate sciogliere il burro e lavoratelo con la semola. Aggiungete l'olio di oliva e mescolate bene fino a quando la semola non abbia assorbito tutto. Lasciate coperto a riposare per qualche ora o, ancora meglio, tutta la notte.
2. Al momento di preparare i dolcetti, aggiungete il lievito, sciolto in qualche cucchiaio di acqua tiepida, lo zucchero e l'acqua di fior d'arancio. Impastate, aggiungendo poco alla volta acqua tiepida, fino ad ottenere un impasto liscio e morbido.
3. Lasciate riposare per 2 ore.
4. Per preparare la pasta di datteri, tritate i datteri (è meglio usarne di freschi) e mescolate con il burro e la cannella. Con il composto ottenuto fomate una "corda".
5. Prendete un pezzo di pasta delle dimensioni di una pallina da ping pong, quindi abbassatelo per ottenere una striscia rettangolare. Adagiate un pezzo dell'impasto di datteri ed avvolgetelo con la pasta.
6. Tradizionalmente si decora la superficie con delle pinzette per ottenere un disegno che ricorda la corona di spine.
7. Infornate in un forno abbastanza caldo (190°C) per 25-30 minuti.

60'

+ tempo di riposo

بقدونس

prezzemolo

Scertzazun (frittate di Pasqua)

8 uova

4 cucchiai di prezzemolo tritato

1 spicchio di aglio tritato

4 cucchiai di burro

½ cucchiaino di paprika

1 cucchiaino di sale

½ cucchiaino di pepe

20'

1. Sbattete le uova, aggiungete il prezzemolo, l'aglio, il sale, il pepe e la paprika e mescolate bene. Imburrate una padella piccola (le frittate dovrebbe avere un diametro di non più di 15 cm) e versate un po' delle uova sbattute, quanto basta per coprire il fondo. Fate dorare la frittatina per 2 minuti, quindi toglietela dalla padella e arrotolatela.

تمر هندي
tamarindo

75

Helva (dolce di semolino)

675 g di semolino
200 g di burro morbido
50 g di pinoli
300 g di zucchero
250 ml di latte

250 ml d'acqua
Cannella in polvere

Natale
-Armenia-

1. Fate sciogliere il burro in una pentola e aggiungete il semolino e i pinoli, mescolando bene. Continuate a girare a fuoco medio fino a dorare i pinoli. Spegnete la fiamma.

2. In un'altra pentola, versate lo zucchero e aggiungete il latte e l'acqua e portate a ebollizione a fuoco medio. Aggiungete al semolino caldo girando bene e portate a ebollizione ancora una volta. Togliete la pentola dal fuoco e lasciate riposare per un'ora. Mescolate bene di nuovo e servite su piattini individuali, cospargendo di cannella.

فلفلة حريفة
peperoncino

Burbara (budino di grano)

250 g di frumento

1 tazza di zucchero

2 cucchiaini di cannella

2 cucchiaini di anice

2 cucchiaini di semi di finocchio

60 g di:
- mandorle spellate
- pinoli
- pistacchi tritati
- noci tritate
- uvetta

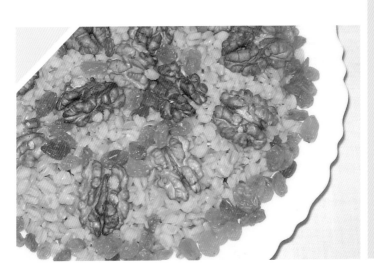

1. Mettete il frumento in una pentola e ricoprite con due litri di acqua. Fate cuocere fino a quando il frumento non raddoppi di volume. Aggiungete le spezie e lo zucchero e mescolate bene per far sciogliere lo zucchero. Abbassate la fiamma e fate cuocere ancora per qualche minuto, fino a ottenere una consistenza cremosa.

2. Servite in ciotole e decorate con le mandorle, i pinoli, le noci e l'uvetta.

cardamomo

Tsoureki (pane dolce di Pasqua)

30 g di lievito
125 ml d'acqua tiepida
150 g di zucchero
250 g di burro
5 uova
450 ml di latte tiepido
1,5 kg di farina
Olio

1 tuorlo
Semi di sesamo
Mandorle spellate
Uova sode (non sgusciate)
Colorante alimentare rosso

1. Sciogliete il lievito nell'acqua tiepida, aggiungendo un cucchiaino di zucchero; lasciate riposare in un luogo tiepido per 10 minuti fino alla comparsa di bollicine.

2. Mescolate insieme il burro e lo zucchero fino a ottenere una leggera crema, quindi aggiungete le uova, una alla volta. Versate lentamente il latte e il lievito, mescolando bene. Aggiungete poco alla volta la farina, in quantità sufficiente per formare un impasto morbido. Impastate bene per almeno 10 minuti: deve diventare morbido ed elastico (aggiungete un po' di farina se troppo appiccicoso). Spalmate la superficie di olio, coprite con un panno umido e lasciate lievitare in un luogo tiepido per almeno un'ora: deve raddoppiare di volume.

3. Impastate una seconda volta, quindi lasciate di nuovo a lievitare. Dividete l'impasto in nove parti. Formate con ciascuna una lunga "corda", tirandola per estenderla. Prendete tre "corde" ed intrecciatele a formare una treccia. Ripetete il procedimento con il resto della pasta, per ottenere in tutto tre trecce.

4. Sistemate le trecce su teglie oliate e spennellatele con il tuorlo diluito con un cucchiaio di acqua. Cospargete di semi di sesamo e di mandorle.

5. Lasciate le uova sode (non sgusciate) a bagno nel colorante rosso fino a ottenere un colore acceso. Passate poi un panno leggermente imbevuto di olio sulle uova (per farle brillare) e inseritene una o due in ogni treccia. Lasciate lievitare in un luogo tiepido per altri 40 minuti.

6. Preriscaldate il forno a 190°C e infornate le trecce per circa 50 minuti.

80'

+ tempo di lievitazione

زعتر
timo

La cucina araba islamica

Ha una lunghissima storia la cucina in questa parte del mondo, così antica da essere chiamata dallo storico e orientalista Jean Bottéro "la cucina più vecchia del mondo" in base alle sue ricerche su tre tavolette della Mesopotamia del 1700 a.C., che includono una quarantina di ricette dove carni, verdure, erbe e condimenti sono sapientemente combinati. Siamo quindi nella culla della civiltà, dove è sorta l'ultima (in ordine cronologico) delle tre religioni monoteiste, l'islam, che dal suo avvento influisce su tutti gli aspetti della vita e quindi anche sulla cucina e il modo di mangiare.

Come Jorge Luis Borges scrisse, "per i musulmani il Corano (chiamato anche 'Il Libro', *Al Kitab*) non è una mera opera di Dio, come le anime degli uomini o l'universo; è uno degli attributi di Dio, come la Sua serenità o la Sua ira". In esso, tra i riferimenti al cibo e agli alimenti, quello più importante riguarda la distinzione tra ciò che è *halal* (permesso, lecito) e ciò che è *haram* (illecito e vietato). Ci sono altre due categorie intermedie: *mubah* (permesso) per indicare un alimento il cui consumo è lasciato alla scelta dell'individuo, e *makruh*, un cibo considerato riprovevole o ripugnante che, benché non proibito, è preferibile non consumare.

La distinzione tra *halal* e *haram* è opera unicamente di Dio, secondo il Corano:

"O voi che credete! Non privatevi, come fossero illecite, delle buone cose che Iddio v'ha reso lecite, senza però passar la misura, ché Dio non ama i trasgressori" (V, 87).
"E non dite, parlando di certe cose, menzogne come: 'questo è lecito

e questo è illecito' per inventar così bugie contro Dio, ché coloro che inventan bugie contro Dio non prospereranno" (XVI, 116).[1]

Alla base rimane quindi il principio che Dio ha messo a disposizione degli esseri umani gli animali e i frutti della terra ma lo spreco è da evitare:

"Bevete e mangiate ciò che Iddio vi manda" (II, 60).
"O uomini! Mangiate quel che di lecito e buono v'è sulla terra" (XXI, 168).
"Egli è Colui che ha fatto crescere giardini, vigneti a pergolato e senza pergolato, e palme, e cereali vari al mangiare, e olive e melograni simili e dissimili. Mangiate del frutto loro , quando vien la stagione" (VI, 141).
"Del bestiame, alcuni animali sono da soma, altri da macello: mangiate di quel che la Provvidenza di Dio v'ha dato" (VI, 142).

Sono *halal* quei cibi che non contengono carne di maiale e la carne proveniente da animali macellati in modo rituale in base al versetto del Corano:

"Ché Iddio v'ha proibito gli animali morti, e il sangue e la carne di porco, e animali macellati invocando nome altro da Dio" (XVI, 115).

Diversamente dall'ebraismo, nell'islam il pesce non è soggetto a nessuna restrizione: nel Corano, il pesce è anche associato simbolicamente alla purezza, alla moderazione e a una ricompensa divina, in questi versi che si riferiscono all'osservanza del Sabato ebraico:

"E chiedi loro di quella città ch'era sulla riva del mare, di quando laggiù violavano il sabato, di come venivano a loro

---

[1] Le citazioni del Corano sono tratte dalla traduzione a cura di Alessandro Bausani, *Il Corano*, BUR, Milano 1988.

i pesci, quando essi osservavano il sabato, a fior d'acqua,
mentre non venivano il giorno ch'essi violavano il sabato:
così noi li provammo, per la loro empietà" (VII, 163).

I riferimenti al cibo sono associati ad uno dei piaceri della vita:

"O voi che credete! Mangiate delle cose buone che
la Provvidenza Nostra v'ha dato, e ringraziatene Iddio,
se Lui solo adorate" (II, 172)
e
"Oggi vi son dichiarate lecite le cose buone, e lecito per voi
il cibo di color cui fu dato il Libro [i cristiani e gli ebrei]*,*
così come il vostro cibo è lecito per loro" (V, 5).

Le descrizioni del cibo nel Corano raggiungono la massima espressione nei brani sui piaceri che attendono i fedeli in Paradiso, dove ci saranno "d'ogni frutto due specie" (LV, 52), "frutti e con palme e con melograni" (LV, 68), "piante di loto senza spina… e acqua scorrente e frutti, molti mai interrotti e mai proibiti" (LVI, 28-31) per non dimenticare "frutti a piacere e a volontà carni delicate d'uccelli", il tutto in forte contrasto con le terre desertiche dell'Arabia dove vissero il profeta Muhammad e i suoi primi seguaci.

Generalmente, l'alcol è considerato *haram*, proibito, in base ai versetti:

"Ti domanderanno ancora del vino e del maysir [un gioco*
d'azzardo]. Rispondi: 'C'è peccato grave e ci sono vantaggi
per gli uomini in ambe le cose; ma il peccato è più grande del
vantaggio'" (II, 219).
"O voi che credete, non accingetevi alla preghiera in stato di
ebbrezza, ma attendete di poter sapere quello che dite" (IV, 43).
"O voi che credete! In verità il vino, il maysir, le pietre
idolatriche, le frecce divinatorie sono sozzure, opere di
Satana; evitatele, a che per avventura possiate prosperare.

Perché Satana vuole, col vino e col maysir, gettare inimicizia e odio fra di voi, e stornarvi dalla menzione del Santo Nome di Dio e dalla Preghiera" (V, 90-91).

Ma in Paradiso:

"E si passeranno a vicenda dei calici d'un vino che non farà nascer discorsi sciocchi, o eccitazion di peccato" (LII, 23).

Imperante comunque nell'insegnamento dell'islam, cristallizzato dai "detti" del Profeta, gli *Hadith*, è il richiamo alla moderazione. Uno dei biografi del Profeta, Ibn Sa'd, riportò le parole di Aisha, la moglie preferita dell'Inviato di Dio:

"Finché visse, il Profeta non riempì mai il suo addome con due tipi diversi di cibo: se mangiava datteri non mangiava il pane, o se aveva mangiato altri cibi col pane non mangiava i datteri". [2]

e questa moderazione viene sancita dallo stesso Corano:

"Mangiate e bevete, ma senza eccedere, poiché Iddio non ama gli stravaganti" (VII, 31).

Considerando l'islam originario della Penisola Arabica come il "canovaccio" del sistema di vita nella regione della Mezzaluna Fertile (e poi anche altrove, con l'espansione della religione), su di esso vengono poi "ricamate" influenze diverse, soprattutto turche, persiane e armene, con ricette che vanno da quelle di popoli nomadi dell'Asia Centrale alle raffinatezze di corti imperiali. Il risultato è un arazzo ricco e denso di sapori e di storie ma anche di polemiche sull'origine dei piatti: chi ha inventato, ad esempio, il *baklawa* (ricetta a p. 92), il dolce di mille e uno strati di pasta sottili come foglie di carta, farcito di noci, pistacchi e miele?

---

[2] *Detti e fatti del Profeta nell'islam raccolti da al-Buhari*, a cura di V. Vacca, S. Noia e M. Vallaro, Utet, Torino 1982.

Per i turchi non può che essere una creazione nata nelle cucine ottomane dei grandi sultani, per gli armeni è un loro capolavoro.

Infine, non si può trascurare il concetto di ospitalità e le sue leggi. Il Corano riprende le leggi sull'ospitalità dei beduini del deserto, inquadrandole in un contesto religioso:

> *"La pietà non consiste nel volger la faccia verso l'Oriente o verso l'Occidente, bensì la vera pietà è quella di chi crede in Dio, nell'Ultimo Giorno, e negli Angeli, e nel Libro, e nei Profeti, e dà dei suoi averi, per amore di Dio, ai parenti e agli orfani e ai poveri e ai viandanti e ai mendicanti e per riscattar prigionieri, di chi compie la Preghiera e paga la Dècima, chi mantiene le proprie promesse quando le ha fatte, di chi nei dolori e nelle avversità è paziente e nel dì di strettura; questi sono i sinceri questi i timorati di Dio!"* (II, 177).

Secondo il versetto 69 della Sura XI, l'iniziatore di queste leggi sarebbe stato Ibrahim (Abramo):

> *"E portarono i nostri angeli la buona novella ad Abramo: 'Pace!' gli dissero. Rispose: 'Pace!', e subito portò loro un vitello arrostito".*

Il modo tradizionale di mangiare, poi, prendendo da un solo piatto in comune, è conviviale e invita alla condivisione e all'ospitalità; per quanto povero sia il cibo, viene sempre offerto con il cuore.

Sahatain!*

---

* Buon appetito!

Le feste islamiche

Come il calendario ebraico, anche il calendario islamico è lunare: ogni anno ha dodici mesi lunari, di 29 o 30 giorni e quindi l'anno lunare è di 354 giorni contro i 365 di quello solare.

Al contrario del calendario ebraico, però, non esiste un mese intercalare e quindi, di anno in anno, i mesi arretrano rispetto alle stagioni e con loro, ovviamente, le feste. Questo spiega perché ogni festa islamica attraversa tutte e quattro le stagioni una volta ogni 33 anni circa. Un'ipotesi per spiegare la "mobilità" delle feste nell'islam è che questa libera le singole celebrazioni da ogni residuo di precedenti culti contadini o pastorali, in quanto le nuove feste non hanno più rapporti con i ritmi della produzione agricola e dell'allevamento, ma unicamente con la rivelazione della Parola di Dio al Profeta Muhammad.

 Ramadan

Ramadan è senz'altro la festa più nota dell'islam: il nono mese del calendario musulmano è quello in cui, secondo la tradizione, il Corano venne rivelato:

"E il mese di Ramadan, il mese in cui fu rivelato il Corano come guida per gli uomini e prova chiara di retta direzione e salvazione, non appena ne vedete la nuova luna, digiunate per tutto quel mese, e chi è malato o in viaggio digiuni in seguito per altrettanti giorni" (II, 185).

Questo mese di digiuno (ma anche, a dire il vero, di eccessi alimentari nelle ore notturne, quando è consentito mangiare e bere) è oggetto di grande attesa; l'osservanza del *sawm* - digiuno - è infatti uno dei cinque pilastri dell'islam, insieme alla professione di fede, attestante l'unicità divina, la preghiera, l'elemosina e il pellegrinaggio alla Mecca.

Il digiuno viene rotto con l'*iftar*, un pasto tradizionale, al tramonto o quando, poeticamente, alla luce naturale non si riesce più a distinguere un filo bianco da uno nero. Seguendo il modello di vita del Profeta, acqua e datteri dovrebbero costituire l'*iftar* perfetto, seguito qualche ora più tardi da una cena, da visite a parenti e amici e da momenti di condivisione di dolci e bevande. Un'ora prima dell'alba viene il momento del *sohour*, l'ultimo pasto prima di affrontare un'altra giornata di digiuno.

'Aid al-Fitr

Letteralmente "La festa della rottura del digiuno", nota anche come *'Aid al-Saghir* o la piccola festa (in contrasto con *'Aid al-Kabir*, la "grande" festa del sacrificio), segna la fine del mese di *Ramadan* e il ritorno a un ritmo di vita normale.

'Aid al-Kabir

Cadendo nel mese di *Dhû al-Hijja*, il mese del pellegrinaggio, questa festa commemora il sacrificio di un figlio di cui non si fa il nome, richiesto da Dio ad Ibrahim (Abramo). Al momento di compiere il gesto estremo, però, Dio interviene per interromperlo, promettendo a Ibrahim una ricompensa.

Tradizionalmente ogni famiglia sacrifica un montone in ricordo di questo avvenimento, mangiandone ma anche donandone una parte ai meno fortunati.

Muharram

Muharram è il primo mese dell'anno islamico. Il primo giorno di *Muharram* è considerato il capodanno ma viene ricordato principalmente in quanto segna la partenza di Muhammad dalla Mecca per Medina nell'anno 622, viaggio che è stato la premessa della creazione della *umma,* la comunità dei credenti.

Ashura

La festa di *Ashura* cade il decimo giorno del mese di *Muharram*. Nelle due principali componenti dell'islam, sunnita e sciita, questa ricorrenza riveste due significati opposti. Nello sciismo, è una festa molto importante, una giornata di lutto che commemora il martirio di Hussein, figlio di 'Ali e nipote del Profeta Muhammad. Si digiuna la vigilia e il giorno stesso della festa per espiare i peccati di un anno. Ci si colpisce il petto e la testa per esprimere il dolore collettivo e nelle regioni a maggioranza sciita si assiste a impressionanti manifestazioni di flagellazione. Nell'islam sunnita, invece, la festa di *Ashura* è di importanza minore e spesso i bambini ne sono il centro, festeggiati con abiti nuovi e giocattoli.

'Aid al-Mawlid o Milad al-Nabi'

Il 12 del mese di *Rabi' al-awwal* si festeggia il compleanno del Profeta Muhammad, nato alla Mecca nell'anno 570 d.C. Fu soltanto a partire dall'XI secolo che fu istituita come festa in Egitto, da dove si diffuse negli altri Paesi.

Nell'islam del Medio Oriente i piatti delle feste hanno meno legami simbolici rispetto all'ebraismo, forse con l'eccezione di alcune ricette per il Ramadan (come qamr ad-din; ricetta a p. 89); i piatti festivi sono consumati - ben volentieri! - in tutte le feste, religiose o meno, indistintamente. Questo deriva anche dal fatto che le festività non sono legate a determinati periodi dell'anno e quindi a una stagionalità degli ingredienti.

Kunafah (dolce ai capelli d'angelo)

La pasta per *kunafah* somiglia ai capelli d'angelo ed è di difficile esecuzione. Fortunatamente, oggi è disponibile, presso negozi specializzati, la pasta *kunafah* surgelata, che offre ottimi risultati.

450 g di kunafah
(1 pacco di pasta kunafah surgelata)

250 g di burro

300 ml d'acqua

500 g di zucchero

1 kg di ricotta

2 cucchiai d'acqua di fior d'arancio

2 cucchiai di succo di limone

90'

1. Lasciate scongelare la pasta.
2. Fate sciogliere il burro e lavoratelo con la pasta per disfare la matassa.
3. Disponete metà della pasta in una teglia imburrata.
4. Preparate lo sciroppo: versate lo zucchero, l'acqua e il succo di limone in una pentola e mescolate, a fuoco medio, in modo da ottenere uno sciroppo fluido e denso al punto da rimanere attaccato al cucchiaio.
5. Aggiungete l'acqua di fior d'arancio, girate e lasciate cuocere 2 minuti.
6. Togliete dal fuoco, lasciate raffreddare e quindi riponete in frigo.
7. Preparate il ripieno: lavorate la ricotta con una forchetta, disponetene uno strato sopra la *kunafah* e ricoprite con la pasta rimanente.
8. Appiattite con la mano e cuocete nel forno a circa 160°C per un'ora, quindi alzate la temperatura a 220°C per far dorare la superficie.
9. Appena tolta dal forno, versateci sopra lo sciroppo freddo.

basilico
ريحان

Ghraybeh (biscotti al burro)

120 g di burro
50 g di zucchero a velo
500 g di farina
1 cucchiaio d'acqua di fior d'arancio

45'

1. Lavorate il burro e lo zucchero per ottenere una consistenza cremosa. Aggiungete l'acqua di fior d'arancio e man mano quasi tutta la farina, sbattendo in continuazione. Lavorate l'impasto aggiungendo la farina rimanente, poco alla volta. L'impasto è pronto quando non è più appiccicoso. Prendendo piccole porzioni della pasta, formate piccoli dischi

2. Infornate a 170°C per 20 minuti. I biscotti *Ghraybeh* non devono colorarsi ma rimanere bianchi.

rosmarino
إكليل الجبل

Qamr ad-din (bevanda all'albicocca)

500 g di albicocche secche
2 litri d'acqua

Ramadan

Tradizionalmente questa bevanda si fa con fogli di albicocche secche e compresse (venduti comunemente in Medio Oriente), ma si può egregiamente sostituire il "vero" *qamr ad-din* con albicocche secche.

1. Mettete le albicocche a bagno tutta la notte. L'indomani, fatele cuocere nella stessa acqua. Aggiungete l'acqua e mescolate bene. Potete frullare per ottenere una bevanda densa o filtrare per una più leggera. Servite freddo.

30'
+ tempo di ammollo

بقدونس
prezzemolo

Fattet djaj (pollo al riso e yogurt)

1 litro di yogurt bianco	4 cucchiai di burro
1 pollo	500 g di manzo trito
4 spicchi di aglio schiacciato	250 g di riso tipo Basmati
	1 cucchiaino di cannella
Succo di 3 limoni	3 pani "pita" (pane "arabo")
I semi di 3 baccelli di cardamomo	Olio vegetale per friggere
	50 g di pinoli
1 cipolla tritata	Sale - Pepe

Diversamente dalle tradizioni cristiane ed ebraiche, dove certi piatti sono strettamente legati a determinate feste, spesso nella tradizione arabo-islamica non esiste una correlazione tra un piatto e una festa specifica. Questo forse è dovuto anche al fatto che le feste del calendario islamico non sono legate alle stagioni, e manca quindi una stagionalità dei piatti.

Il mese di *Ramadan* fa eccezione a questa regola con una serie di piatti che, per questo motivo, abbiamo scelto di segnalare.

تمر هندي
tamarindo

1. Lasciate scolare lo yogurt attraverso un colino per circa mezz'ora fino ad avere la consistenza di una maionese densa. Versate in una ciotola, aggiungete l'aglio e mescolate bene.

2. Mettete il pollo in una pentola capiente e ricoprite di acqua. Portate a ebollizione, schiumate e fate sobbollire. Aggiungete il succo di limone, il cardamomo, il sale e il pepe e fate cuocere fino a quando il pollo è molto tenero.

3. Nel frattempo rosolate la cipolla in 3 cucchiai di burro, girando di tanto in tanto. Aggiungete la carne trita, schiacciando e girando, quindi aggiungete il riso, la cannella, sale e pepe e coprite di acqua. Coprite la pentola e abbassate il fuoco al minimo. Fate cuocere fino a cottura completa del riso.

4. Tagliate il pane a triangoli. Friggeteli in olio vegetale oppure tostateli al forno. Adagiateli sul fondo di una grande insalatiera. Coprite con il composto di riso e carne e poi, a strati, con il pollo, dopo aver tolto la pelle e averlo tagliato a pezzi. Versate sopra il brodo del pollo. Ricoprite con lo yogurt e cospargete di pinoli fritti nell'ultimo cucchiaio di burro.

5. Servite subito.

Appunti

فليفلة حريفة
peperoncino

Baklawa (millefoglie orientale)

500 g di pasta filo surgelata
175 g di burro fuso
400 g di pistacchi, noci o mandorle finemente tritati

Per lo sciroppo:

300 ml d'acqua
500 g di zucchero
2 cucchiai di succo di limone
2 cucchiai d'acqua di fior d'arancio

1. Questa ricetta, diffusa in tutto il Medio Oriente, richiede l'uso di pasta filo, ormai comodamente disponibile surgelata! Si tratta di una pasta sfoglia estremamente sottile, il cui utilizzo richiede qualche semplice accorgimento: dopo aver scongelato la pasta, srotolatela e copritela con uno strofinaccio umido per prevenire che si asciughi. Dopo aver prelevato ogni sfoglia, ricoprite il resto della pasta.

2. Iniziate con lo sciroppo: fate sciogliere lo zucchero in acqua con il succo di limone e fate sobbollire fino a quando comincia ad addensare. Aggiungete l'acqua di fior d'arancio e mescolate bene. Rimuovete dal fuoco e lasciate raffreddare, quindi riponete lo sciroppo in frigo.

3. Preriscaldate il forno a 160°C.

4. Spennellate con burro fuso una teglia profonda (rettangolare o rotonda). Adagiatevi le sfoglie di pasta, spennellando ognuna con burro fuso. Ritagliate la pasta se troppo grande per la teglia.

5. Distribuitevi sopra i pistacchi, le noci o le mandorle e ricoprite con il resto della pasta, sempre spennellando ogni sfoglia con burro fuso.

6. Ritagliate la *baklawa* a rombi.

7. Infornate per 40 minuti, quindi alzate la temperatura a 220°C per gli ultimi 15 minuti.

8. Appena togliete la *baklawa* dal forno, versateci sopra lo sciroppo freddo.

9. Lasciate raffreddare e servite, disponendo i pezzi di *baklawa* su un piatto da portata.

60'

cardamomo
هال

Koussa salata

(zucchine in insalata)

1 kg di zucchine
2 cucchiai di dibbs ruman*
2 cucchiai di menta secca
Olio di oliva - Sale

30'

1. Dopo aver lavato e asciugato le zucchine, tagliatele a fettine e friggetele in olio di oliva. Scolatele sulla carta assorbente.
2. Mescolate bene il *dibbs ruman*, la menta, un pizzico di sale e olio di oliva per ottenere il condimento.
3. Versate sopra le zucchine e lasciate raffreddare il tutto prima di servire.

قرنفل
chiodi di garofano

Sharab tamr hindi

(sciroppo di tamarindo)

1 kg di tamarindo*
4 litri d'acqua
3 kg di zucchero
Succo di 1 limone

45'

+ tempo di ammollo

Dal tamarindo, letteralmente "dattero indiano" in lingua araba, si ricava uno sciroppo che è bevanda apprezzata al momento della rottura del digiuno.

1. Lavate bene il tamarindo e lasciatelo in ammollo per almeno sette ore. Lavoratelo con le mani per ottenere una consistenza densa, quindi passatelo in una centrifuga per succhi. Passate il liquido ottenuto con un colino.
2. Aggiungete lo zucchero e fate cuocere a fuoco medio girando sempre fino al completo scioglimento dello zucchero. Lasciate bollire, schiumando la superficie con un mestolo forato. Appena il composto comincia ad addensare, togliete dal fuoco e lasciate raffreddare. Versate in bottiglie sterilizzate e chiudete.
3. Servite con cubetti di ghiaccio.

ز عتر
timo

Mutabbal (crema di melanzane e tahina)

3 grosse melanzane
3-4 spicchi d'aglio
Sale
180 ml di tahina*
Succo di 3 limoni

½ cucchiaino di cumino
2 cucchiai di prezzemolo tritato finemente

Qualche oliva nera per la decorazione

1. Arrostite le melanzane in un forno caldo fino a quando la pelle diventa nera. Lasciate raffreddare, quindi togliete la polpa delle melanzane, cercando di eliminare per quanto possibile i succhi amari.

2. Schiacciate l'aglio con il sale. Schiacciate le melanzane con una forchetta, quindi aggiungete l'aglio e mescolate bene fino ad ottenere una consistenza cremosa (si può anche utilizzare il frullatore).

3. Aggiungete il cumino, la *tahina* e il succo di limone. Aggiustate secondo gusto, eventualmente aggiungendo sale, succo di limone, aglio o *tahina*.

4. Versate in una ciotola e decorate con prezzemolo tritato e olive nere.

فلفل أسود
pepe nero

Hummus (crema di ceci)

250 g di ceci

Sale

Pepe

2 cucchiaini di cumino

2 spicchi d'aglio schiacciati

100 ml di succo di limone

50 ml d'olio di oliva

Un pizzico di peperoncino (facoltativo)

Prezzemolo per la decorazione

30'

+ tempo di ammollo

1. Mettete i ceci a bagno per qualche ora. Scolateli e fateli lessare in acqua fresca fino a quando siano molto morbidi.
2. Per un *hummus* autentico, togliete la buccia dei ceci.
3. Fate raffreddare un pochino, quindi frullate con gli altri ingredienti per ottenere una consistenza cremosa.
4. Servite in piattini con il prezzemolo e un filo di olio di oliva.

Variante: *hummus b'tahina* (crema di ceci con crema di sesamo)

1. Aggiungete 2 cucchiai di *tahina* alla crema di ceci e mescolate bene.

فلیفلة حریفة

peperoncino

Sheikh mahshi (melanzane farcite)

Ramadan

6 melanzane medie

750 g di carne trita

1 cipolla tritata

2 cucchiai di olio di oliva

1 cucchiaio di prezzemolo tritato

2 pomodori, pelati e privi di semi, tagliati a pezzetti

Noce moscata

Chiodi di garofano in polvere

Succo di ½ limone

250 g di pomodori molto maturi

1 cucchiaio di concentrato di pomodoro

Sale - Pepe

Il "re" o, letteralmente, lo "sceicco" ripieno è la traduzione letterale di questo piatto regale che fa bellissima figura sulla tavola imbandita dell'*iftar*, il pasto per la rottura del digiuno.

1. Tagliate le melanzane a metà nel senso della lunghezza e togliete la polpa senza rompere la buccia. Mettete le melanzane in acqua salata per 20 minuti.
2. In una pentola rosolate la cipolla, quindi aggiungete la carne trita. Aggiungete il prezzemolo, i pomodori tagliati a pezzetti, le spezie, il sale e il pepe. Mescolate bene e togliete dal fuoco.
3. Scolate le melanzane, asciugatele con carta da cucina e farcitele con la carne.
4. Ricomponete le melanzane utilizzando del filo da cucina per tenere insieme le due metà. Disponetele in una pentola.
5. Passate i pomodori maturi nel passaverdura e versateli sulle melanzane.
6. Diluite il concentrato in un bicchiere grande di acqua, condite con sale, pepe, succo di limone e versate nella pentola.
7. Portate a ebollizione, abbassate la fiamma e lasciate cuocere a fuoco lento per circa 30 minuti, eventualmente aggiungendo dell'acqua se dovesse asciugare troppo.
8. Tagliate il filo e servite le melanzane calde.

60'

salvia

مريمية

Haytaliyieh (riso al latte)

1 litro di latte

4 cucchiai di farina di riso

4 cucchiai di zucchero

2 cucchiaini di acqua di rosa

Mandorle spellate e frantumate

Pinoli tostati

Cocco fresco grattugiato

30'

1. Fate sciogliere la farina di riso in un quarto del latte e poi aggiungete, poco alla volta, il resto del latte che avrete riscaldato. Mescolate con un cucchiaio di legno per evitare grumi.

2. Fate cuocere a fuoco medio, girando per almeno 15 minuti. Quando comincia a bollire, abbassate il fuoco al minimo e fate cuocete ancora qualche minuto.

3. Aggiungete lo zucchero e l'acqua di rosa, girate e poi spegnete il fuoco.

4. Versate subito in coppette individuali. Decorate ogni coppetta con le mandorle, i pinoli e il cocco. Si può mangiare tiepido o freddo.

بقدونس

prezzemolo

Salata na'meh (insalata tradizionale)

4-6 cetrioli
4 pomodori
1 peperoncino fresco
Un piccolo mazzetto
di prezzemolo tritato

Qualche foglia di menta
fresca tritata

Condimento classico:
Succo di limone
Olio di oliva - Sale - Pepe
Condimento alla tahina:
175 ml di tahina*
2 spicchi di aglio
Succo di 2 limoni
Sale - Pepe

20'

1. Lavate e asciugate i cetrioli, i pomodori, il peperoncino e le foglie di prezzemolo e di menta. Tagliate i cetrioli e i pomodori a cubetti piccoli. Tritate il peperoncino, le foglie di prezzemolo e di menta e aggiungete alle verdure.

2. Se utilizzate il condimento classico, aggiungete tutti gli ingredienti all'insalata, mescolate e servite subito.

3. Se preferite il condimento alla *tahina*, versatela in una ciotola, aggiungete il sale, il pepe e l'aglio schiacciato. Quindi aggiungete il succo di limone fino a ottenere una crema abbastanza fluida. Mescolate con l'insalata e servite subito.

curry
كاري

Bakdounsieh (insalata di prezzemolo e tahina)

400 g di prezzemolo tritato
150 ml di tahina*
Succo di 1 limone
2-3 cucchiai di acqua
120 ml di yogurt

1 cucchiaino di sale
1 cucchiaino di pepe
Olio d'oliva per servire

20'

1. Lavate il prezzemolo e lasciatelo asciugare.
2. Versate la *tahina* in una ciotola e aggiungete il succo di limone. Lavorateli insieme fino ad ottenere una crema abbastanza fluida. Aggiungete lo yogurt, poi il prezzemolo, il sale e il pepe.
3. Versate un filo di olio di oliva e servite su un piatto da portata.

يانسون
anice

Sambusak b'il lahma (mezzelune con carne)

120 ml d'olio

120 g di burro fuso

120 ml d'acqua tiepida

1 cucchiaino di sale

300 g di farina setacciata

1 uovo sbattuto

Semi di sesamo

Per il ripieno:

1 cipolla tritata

2 cucchiai d'olio

500 g di carne trita (agnello o manzo)

2 cucchiai di pinoli

Sale - Pepe

1 cucchiaino di cannella

1. Per il ripieno: rosolate la cipolla in 2 cucchiai di olio fino ad ottenere un colore dorato. Aggiungete la carne e soffriggete fino a quando cambia colore. Incorporate i pinoli e rosolate ancora 2 minuti. Aggiungete il sale, il pepe e la cannella. Inumidite con 5 cucchiai di acqua e cuocete ancora qualche minuto per ammorbidire la carne.

2. Per la pasta: mettete l'olio e il burro in una ciotola resistente al calore e riscaldate a bagnomaria per fondere il burro. Mescolate con acqua tiepida e sale e versate in una grande ciotola.

3. Aggiungete la farina poco alla volta. Appena si tiene insieme, la pasta è pronta.

4. Stendete la pasta con il mattarello e tagliate dei dischi di 8 cm di diametro.

5. Mettete un cucchiaino colmo del ripieno nel centro di ogni disco e ripiegate per fare una mezzaluna. Pizzicando il bordo, si realizza la forma tradizionale.

6. Disponete i *sambusak* su una teglia da forno.

7. Spennellate la superficie con l'uovo sbattuto e cospargete di semi di sesamo. Infornate a 180°C per 30-40 minuti. Servite caldi o freddi.

60'

شومر

finocchio

Mansaf (agnello allo yogurt)

1 kg di agnello
1 cipolla tritata grossolanamente
450 g di yogurt naturale
1 cucchiaino di maizena
4 cucchiai di olio di oliva
50 g di pinoli
50 g di mandorle pelate
1 cucchiaino di cannella
1 pizzico di noce moscata
½ cucchiaino di chiodi di garofano in polvere
½ cucchiaino di curcuma
Sale - Pepe nero
1 kg di riso bianco bollito, per servire

60'

1. Tagliate l'agnello a tocchetti e lessatelo in acqua leggermente salata, schiumando il brodo ogni tanto.
2. Rosolate la cipolla in metà dell'olio, insaporendo con le spezie e il pepe nero.
3. Dorate i pinoli e le mandorle nel resto dell'olio, scolateli e tenete da parte.
4. Quando l'agnello è bello tenero, dopo circa 30 minuti, toglietelo dalla pentola e tenete da parte il brodo.
5. Aggiungete l'agnello alle cipolle, mescolando bene e tenendo il tutto al caldo.
6. Mescolate lo yogurt con la maizena in una pentola e riscaldatelo a fuoco bassissimo (deve sobbollire appena).
7. Aggiungete 300 ml del brodo di agnello, girate lentamente e portate a ebollizione, sempre a fuoco basso.
8. Servite la carne su un letto di riso bianco bollito, versateci sopra lo yogurt e decorate il piatto con i pinoli e le mandorle.

basilico
ريحان

Warq einab (foglie di vite ripiene)

500 g di foglie di vite

4 spicchi d'aglio

Succo di limone

4 cucchiai d'olio di oliva

Per il ripieno:

250 g di riso tipo Basmati

1 cipolla tritata

Noce moscata

2 pomodori pelati, privi dei semi e dell'acqua

Cannella

Prezzemolo tritato

Menta secca

50 g di pinoli

Sale - Pepe

1. Se utilizzate foglie di vite fresche (non trattate), sbollentatele per ammorbidirle. Se sono in salamoia, mettetele in un grande recipiente con acqua bollente per 15 minuti, quindi risciacquatele in acqua fresca e poi asciugatele.

2. Lavate il riso in acqua fredda e lasciatelo in ammollo per 10 minuti.

3. Scolatelo bene e mettetelo in un'insalatiera con i pomodori tritati, la cipolla tritata, le spezie, il prezzemolo, la menta e i pinoli. Amalgamate il tutto, utilizzando anche le mani.

4. Prendete una foglia di vite intera e mettetela sul piano di lavoro con il lato ruvido verso l'alto. Mettete un cucchiaino di ripieno alla base della foglia. Ripiegate la base sul ripieno, piegate i lati e quindi arrotolate il tutto. Schiacciate leggermente con la mano. Rivestite una pentola grande con le foglie di vite strappate o troppo piccole da farcire e sistemate le foglie ripiene, mettendole molto vicine, in modo che non si aprano durante la cottura.

5. Infilate gli spicchi di aglio sbucciati, ma interi, tra i rotoli. Aggiungete il succo di limone e 150 ml di acqua. Mettete un piattino sopra le foglie per tenerle chiuse.

6. Cuocete a fuoco bassissimo per un'ora e mezza. Controllate ogni tanto il livello dell'acqua, aggiungendone se manca.

7. Servitele fredde.

120'

rosmarino إكليل الجبل

Tabbouleh (insalata di burghul)

300 g di prezzemolo tritato

100 g di menta fresca tritata

120 g di burghul*

Sale

Pepe

Succo di 2 limoni

100 ml di olio di oliva

1 cipolla tritata

Insalata romana

3 pomodori affettati

1. Lavate bene il prezzemolo e la menta ed asciugateli. Tritate finemente con la mezzaluna. Mettete il *burghul* a bagno per 10 minuti, scolate e quindi schiacciate per eliminare l'acqua in eccesso. Versate in un'insalatiera e aggiungete il sale, il pepe, un po' del succo di limone e l'olio. Lasciate assorbire il condimento per circa mezz'ora. Appena prima di servire, aggiungete il *burghul* al prezzemolo e alla menta. Quindi aggiungete la cipolla, mescolando bene.

2. Decorate con fettine di pomodoro e servite con foglie tenere di insalata, che può essere utilizzata per prendere il *tabbouleh*.

NB: Il *tabbouleh* dovrebbe essere più verde che beige, quindi con una predominanza di prezzemolo.

بقدونس

prezzemolo

Mehallabié (crema di latte)

2 litri di latte

150 g di zucchero

2 cucchiai d'acqua
di fior d'arancio
o 2 cucchiai di acqua
di rosa

50 g di farina di riso
o di maizena

200 ml di acqua

100 g di pistacchi

100 g di mandorle

30'

1. Portate il latte a ebollizione e filtratelo.
2. Versate il latte passato in una pentola, aggiungete la farina di riso o la maizena e fate cuocere a fuoco medio, girando costantemente. Aggiungete lo zucchero, l'acqua di rosa o l'acqua di fior d'arancio. Lasciate cuocere fino all'addensamento del composto.
3. Versate in coppette e lasciate raffreddare.
4. Tritate i pistacchi e le mandorle e cospargeteli sulla crema.

تمر هندي
tamarindo

Musakhkhan (pollo al sumak)

Letteralmente "qualcosa di riscaldato", questo piatto è originario della Giordania, dove si prepara con un pane speciale detto *marquq*. Questo pane sottile può essere sostituito dal pane arabo venduto nei negozi arabi (anche detto "pane mediterraneo") o, al limite, dalla spianata sarda.

1 pollo grande
1 bicchiere d'olio di oliva
2 kg di cipolle
100 g di sumak*

4 sfoglie di pane arabo
Sale - Pepe
¼ di tazza di pinoli tostati, per decorare

1. Dividete il pollo in 8 parti, salate e pepate. Riscaldate metà dell'olio in una pentola e fate rosolare i pezzi di pollo per circa 20 minuti.

2. Una volta che il pollo ha preso colore, togliete la carne dalla pentola e conservatela a parte.

3. Aggiungete il resto dell'olio e fate cuocere le cipolle affettate finemente, circa 30 minuti, fino a farle diventare trasparenti, girando ogni tanto. Aggiungete il *sumak* e fate cuocere ancora 2 minuti.

4. Riscaldate il forno a 180°C. Ricoprite una teglia con metà del pane e versateci sopra metà delle cipolle. Disponete i pezzi di pollo sulle cipolle e coprite con il resto delle cipolle e il liquido rimasto nella pentola.

5. Coprite con il resto del pane e cospargete con un po' di acqua fredda.

6. Infornate per un'ora e mezza. Tenete il pane sotto controllo: se rischia di bruciarsi cospargete con un po' di acqua oppure coprite con la carta stagnola. Decorate con i pinoli tostati.

فليفلة حرفة

peperoncino

Ruz hashweh (riso delle feste)

800 g di carne di manzo trita

50 ml d'olio vegetale

1 cipolla - 600 g di riso

1 litro di brodo di pollo caldo (o, al limite, acqua)

1 cucchiaino di sale

¾ di cucchiaino di pepe nero

½ cucchiaino di cannella

2 cucchiaini di noce moscata grattugiata

50 g di burro

Per servire:

30 g di burro

80 g di pinoli

80 g di mandorle a scaglie

30'

1. Sbucciate la cipolla.
2. Riscaldate l'olio in una padella, aggiungete la carne e la cipolla intera e rosolate per 10 minuti, girando ogni tanto. Aggiungete il sale e le spezie e cuocete coperto sul fuoco basso.
3. Lavate il riso sotto l'acqua calda corrente e lasciatelo scolare, quindi aggiungetelo alla padella e girate bene. Aggiungete il brodo o l'acqua calda. Coprite e portate a ebollizione.
4. Lasciate cuocere per 10 minuti, quindi abbassate il fuoco. Quasi tutto il liquido deve essere assorbito.
5. Quando il riso è quasi cotto, mettete il burro a piccoli pezzi sulla superficie e lasciate cuocere altri 5 minuti.
6. Togliete dal fuoco e lasciate riposare qualche minuto prima di servire. Nel frattempo, rosolate le mandorle e i pinoli nel burro. Distribuiteli sul riso.

cardamomo
هل

III

Kataif meklieh (crêpes arabe)

1 bustina di lievito
375 ml d'acqua tiepida
4 cucchiai di zucchero
½ cucchiaino di sale
350 g di farina
100 g di semi di sesamo
1 cucchiaino di cannella
2 cucchiai di burro
non salato
Olio per friggere

Per lo sciroppo:
250 ml d'acqua
450 g di zucchero
Succo di mezzo limone
1 cucchiaino d'acqua
di fior d'arancio

1. Sciogliete il lievito nell'acqua tiepida. Aggiungete un cucchiaio di zucchero, il sale e la farina e mescolate molto bene (anche in un robot da cucina). Coprite con la pellicola da cucina e lasciate lievitare per un'ora o fino a quando si cominciano a vedere delle bolle.

2. Versate un mestolo di pastella in una padella dove avrete fatto riscaldare un velo di olio, facendo roteare la padella per ottenere una forma circolare di circa 8 cm di diametro. Non girate la crêpe ma toglietela dalla padella e continuate fino ad esaurimento della pastella.

3. Coprite le crêpes con un panno umido.

4. In una ciotola, mescolate i semi di sesamo con lo zucchero restante e la cannella. Fate sciogliere il burro in una padella e aggiungete i semi di sesamo, girando per un paio di minuti.

5. Ponete un cucchiaio del ripieno di semi di sesamo al centro di ogni crêpe, dalla parte cruda, quindi ripiegate la crêpe per formare una mezzaluna. Friggete nell'olio caldo e scolate sulla carta assorbente, quindi versatevi sopra lo sciroppo freddo.

6. Per fare lo sciroppo, sciogliete lo zucchero nell'acqua e portate a ebollizione. Rimuovete l'eventuale schiuma e fate bollire per una decina di minuti. Aggiungete il succo di limone e l'acqua di fior d'arancio e fate raffreddare prima di versare sui *kataif*.

45'

+ tempo di lievitazione

قرنفل
chiodi di garofano

Batata bil kizbara (patate al coriandolo)

3 grosse patate

1 mazzetto di coriandolo, tritato finemente

2 spicchi di aglio tritato

½ cucchiaino ciascuno di cumino, coriandolo in polvere, cannella e paprika dolce

Olio di oliva

Succo di limone

Sale

20'

1. Sbucciate le patate e tagliatele a dadini. Rosolatele in una padella in olio di oliva e poi tenete da parte.
2. Nella stessa padella, dopo aver aggiunto un po' di olio, fate rosolare l'aglio e il coriandolo tritato. Aggiungete le patate e mescolate bene. Salate, aggiungete tutte le spezie e il succo di limone.
3. Servitele fredde o tiepide.

زعتر
timo

Kibbeh bil sanieh (sformato di carne)

Per il ripieno:

1 cipolla tritata

2 cucchiai d'olio

250 g di carne trita
(agnello, manzo o vitello)

60 g di pinoli

Sale - Pepe

½ cucchiaino di cannella

Qualche cucchiaio
di brodo

Burro

Per il kibbeh:

500 g di agnello tenero

Sale

1 cipolla

Pepe nero

120 g di burghul*

Il *kibbeh* è un piatto molto amato nei Paesi della Mezzaluna Fertile. Composto di carne e di *burghul*, viene cucinato in vari modi, a mo' di polpetta o in una teglia, come in questa ricetta.

1. Prima preparate il *kibbeh*: pestate energicamente la carne con un po' di sale in un mortaio di pietra. Grattugiate e pestate la cipolla con sale e pepe. Mescolate bene insieme la carne e la cipolla, aggiungendo 1 o 2 cucchiai di acqua fredda oppure 1 o 2 cubetti di ghiaccio.
2. Risciacquate il *burghul* in un colino e strizzatelo per eliminare l'acqua in eccesso. Aggiungetelo al composto di carne e cipolla e lavorate energicamente a mano (lo si dovrebbe fare per 30 minuti, ma è più comodo utilizzare un robot da cucina).
3. Per il ripieno: soffriggete la cipolla in olio caldo. Aggiungete la carne e i pinoli e continuate a cuocere fino a quando la carne non cambia colore. Aggiungete qualche cucchiaio di acqua, salate, pepate e aggiungete la cannella.
4. Imburrate una teglia da forno e distribuite metà del *kibbeh* sul fondo. Distribuitevi poi sopra il ripieno e coprite con il resto del *kibbeh*. Schiacciate bene e tracciate delle righe per formare dei rombi.
5. Fate fondere 3 cucchiai di burro e versatelo sopra il *kibbeh*. Infornate a 180°C per 45 minuti. Dovrebbe essere dorato e croccante.
6. Si può degustare caldo o freddo.

90'

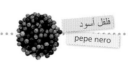

فلفل أسود
pepe nero

Ma'loubet batenjane

(carne e melanzane "capovolte")

1 coscia d'agnello
in cubetti

1 kg di melanzane

1 kg di riso tipo Basmati

3 cipolle

1 manciata di pinoli

Sale - Pepe

1 cucchiaino di paprika
dolce

1 cucchiaino di cannella

Qualche pistillo
di zafferano

Olio per friggere
le melanzane

Burro per dorare i pinoli

1. Lavate e asciugate le melanzane e tagliatele per la lunghezza. Fatele sgorgare con sale grosso per perdere l'acqua. Risciacquatele ed asciugatele molto bene. Friggetele nell'olio e scolate, poi riservate.
2. Mettete l'agnello in una pentola con acqua sufficiente a coprirlo e portate a ebollizione. Schiumate, quindi salate.
3. Aggiungete le spezie, coprite e lasciate cuocere a fuoco basso per 40 minuti.
4. Lavate il riso e scolatelo. Affettate le cipolle. Scolate la carne, riservando il brodo.
5. In una casseruola disponete le cipolle, le melanzane quindi la carne. Versate il riso su questi ingredienti e quindi il brodo, che deve arrivare a coprire il riso di un dito. Eventualmente, aggiungete dell'acqua.
6. Coprite e fate cuocere a fuoco molto basso per 40 minuti, senza girare.
7. Fate sciogliere il burro in una padella e indorate i pinoli.
8. Mettete il piatto da portata sulla casseruola, capovolgete e rimuovete delicatamente.
9. Decorate con i pinoli e servite caldo.

90'

فليفلة حرّيفة

peperoncino

Fatayer bi sbanek (fagottini agli spinaci)

Per il ripieno:

3 cucchiai d'olio di oliva

4 cipollotti tritati
(parti bianche e verdi)

½ cucchiaino di sumak*

½ cucchiaino di sale

500 g di spinaci freschi
lavati e tritati

Succo di 1 limone

¼ cucchiaino di za'atar*

Per la pasta:

½ cucchiaino di lievito

180 ml d'acqua tiepida

1 cucchiaio d'olio di oliva

½ cucchiaino di sale

750 g di farina

1. Mettete il lievito in una ciotola grande e versateci sopra l'acqua tiepida. Girate per far sciogliere il lievito. Aggiungete l'olio di oliva e il sale e mescolate bene. Incorporate la farina fino a ottenere un impasto difficile da mescolare.

2. Sul piano di lavoro, lavorate l'impasto per circa 10 minuti, aggiungendo farina per ottenere una consistenza elastica. Adagiate l'impasto in una ciotola unta e lasciate lievitare, sotto un panno, per un'ora e mezza, il tempo necessario perché raddoppi di volume.

3. Dividete la pasta in 6 parti a forma di palla. Coprite con un panno e lasciate risposare per 5 minuti.

4. Sul piano di lavoro infarinato, schiacciate ogni palla di pasta modellandola a forma di disco. Coprite di nuovo con un panno e lasciate riposare per 15 minuti.

5. Cospargete la superficie di ogni disco di *sumak* e di sale e aggiungete i cipollotti, quindi gli spinaci. Aggiungete qualche goccia di succo di limone.

6. Spennellate i bordi dei dischi con acqua e tirateli su in modo da ottenere dei triangoli, schiacciando bene insieme gli angoli.

7. Infornate a 200°C per 15 minuti.

8. Prima di servire, potete spennellare i fagottini d'olio di oliva e cospargerli di *za'atar*.

60'

+ tempo di lievitazione

curry

كاري

Tamr b'il laban

(datteri con yogurt)

Datteri
600 ml di yogurt bianco
500 ml d'acqua fredda
Sale
Menta secca sbriciolata

Il profeta Muhammad era solito rompere il digiuno con un dattero e un bicchiere di acqua. Questa ricetta si rifà a questa tradizione proponendo una bevanda molto rinfrescante e nutriente, a base di yogurt.

1. Sbattete bene lo yogurt e aggiungete l'acqua, continuando a sbattere energicamente (si può utilizzare un frullatore). Aggiungete un pizzico di sale e la menta.
2. Servite molto freddo, con cubetti di ghiaccio.
3. Servite come accompagnamento ai datteri.

salvia
مريمية

Glossario

Burghul: grano spezzato.

Dibbs ruman: sciroppo di melograno, disponibile nei negozi specializzati. Eventualmente può essere sostituito da un ottimo aceto balsamico.

Farina di matzah: indispensabile nella dispensa per *Pesach*, sostituisce la farina classica. Disponibile nei negozi *kasher*.

Halva: dolce di origine mediorientale a base di sesamo, reperibile nei negozi specializzati.

Mahlab: si ottiene dal nocciolo di una ciliegia tipo amarena. Può essere sostituito da cardamomo in polvere.

Matzah (plur. *matzot*): il pane azzimo di *Pesach*.

Sumak: una spezia molto usata nella cucina mediorientale che deriva dalle bacche rosse di un arbusto (*rhus coriaria*). Ha un gusto simile al limone e aggiunge un bel tocco di colore ai piatti.

Tahina: crema di sesamo.

Tamarindo: il frutto di un albero tropicale, disponibile nei negozi specializzati.

Za'atar: un misto di origano, timo e semi di sesamo.

Indice alfabetico

Ricette ebraiche

Ricette della tradizione cristiana

Ricette arabe islamiche

Indice per portata

Minestre e uova

Riso e pasta

Pesce

Pollo e carne

Pane e dintorni

Piatti di verdure e insalate

Dolci

Bevande

Indice delle feste

Feste ebraiche

Feste cristiane

Feste islamiche

Indice generale

Bibliografia

I seguenti volumi sono stati di grande aiuto nella compilazione di questa raccolta di ricette:

ABADI Jennifer Felicia, *A Fistful of lentils*, Harvard Common Press, Boston 2002

ASCOLI VITALI-NORSA Giuliana (a cura di), *La Cucina nella tradizione ebraica,* Giuntina, Firenze 1987

GOLDMAN Rivka, *Mama Nazima's Jewish-Iraqi Cuisine*, Hippocrene Books, New York 2006

LEVY Estelle e SACERDOTI Judith (a cura di), *A Sephardi Feast*, The Sephardi Centre, London 1996

MANOUKIAN Virjin, *Cucina Armena*, Oemme Edizioni, Milano 1987

MOUZANNAR Ibrahim, *La Cuisine Libanaise*, Librairie du Liban, Beirut 1993

NASSER Christiane Dabdoub, *Classic Palestinian Cookery*, Saqi Books, London 2001

NAHOUM Aldo, *The Art of Israeli Cooking*, Hippocrene Books, New York 1992

NATHAN Joan, *The Foods of Israel Today*, Alfred A. Knopf, New York 2001

OLLIVRY Florence, *Les secrets d'Alep*, Sindbad Actes Sud, Arles 2006

RAYESS N. George , *Rayess' Art of Lebanese Cooking*, Librairie du Liban, Beirut 1997

REIDER Freda, *The Hallah Book*, Ktav, Jersey City 1987

RODEN Claudia, *A New Book of Middle Eastern food*, Penguin Books, London 1986

RUNDO Joan, *Cucina Ebraica dal mondo*, Edizioni Sonda, Casale Monferrato 2005

RUNDO Joan, *Cucine Arabe*, Edizioni Sonda, Casale Monferrato, 2005

RUNDO Joan, *La Cucina delle Feste*, Edizioni Sonda, Casale Monferrato 2006

SOANS Robin, *The Arab-Israeli Cookbook*, Aurora Metro Press, London 2004

YANA Martine, *La Cuisine Juive*, Claudine Farhi, Marabout, Alleur 1984

Per i riferimenti ai testi sacri e al significato più religioso delle usanze culinarie sono stati consultati:

BUSANI Alessandro (a cura di), *Il Corano,* BUR, Milano 1988

DISEGNI Rav Dario (a cura di), *Bibbia ebraica*, Giuntina, Firenze 1998

DI SEGNI Riccardo (a cura di), *Guida alle regole alimentari ebraiche*, Làmed edizioni, Roma 1996 (3º edizione)

NOJA S., VACCA V. e VALLARO M. (a cura di), *Detti e fatti del Profeta dell'islam raccolti da al-Bukhari*, UTET, Torino 1982

Crediti fotografici

Le immagini di questo libro sono il frutto della collaborazione di alcuni amici, ristoratori o cuochi di cucina ebraica, araba e armena. A loro va tutta la nostra riconoscenza. Per questo ve li segnaliamo, indicando di seguito i loro riferimenti e un breve profilo.

Cucina ebraica

Re Salomone. Ristorante milanese *kasher* specializzato in piatti "di carne" e gestito da Victor ed Ester, esperti di cucina *kasher* di tradizione mediorientale. Per informazioni: www.resalomone.eu
Ester ha cucinato per noi i piatti di pp. 20, 29, 32, 36, 37, 42 (foto di Marco Zorzanello).

Carmel. Ristorante milanese *kasher*, nel cuore del quartiere ebraico della città, specializzato in piatti "di latte" e gestito da un personale molto gentile e disponibile. Ultimamente si avvale di un cuoco giunto direttamente da Tel Aviv. Per informazioni: www.carmelkosher.it
I piatti cucinati al Carmel sono a pp. 25, 28, 33, 40, 43.

Snubar Kasher etnocatering. Laboratorio milanese di cucina che propone catering con soli piatti della cucina *kasher*. La cuoca che ha creato Snubar proviene da un'esperienza decennale di cucina *kasher* sotto osservanza rabbinica. Per informazioni: snubar.srl@gmail.com, tel. 338 8018081
I piatti cucinati da Snubar sono a pp. 19, 24.

Cucina araba (cristiana e islamica)

Mido. Storico ristorante arabo di Milano in zona Navigli, gestito da una famiglia di origini egiziane, punto di riferimento degli amanti della cucina mediorientale. Per informazioni: www.ristorantemido.com
I piatti della cucina di Mido sono a pp. 87, 89, 90, 101, 108, 109, 113, 114 (foto di Marco Zorzanello).

Aladino. Elegante ristorante siriano e libanese di Milano che per un pomeriggio ci ha messo a disposizione cuochi e cucina per realizzare i piatti delle pp. 88, 93, 95, 107, 117, 119.
Per informazioni: www.ristorantealadino.it

Bait al KARAMA è il primo Centro per donne nel cuore della città vecchia di Nablus (Autorità Nazionale Palestinese) e ospita la prima scuola di cucina tradizionale palestinese interamente gestita da donne. Unisce un'impresa sociale "culinaria" con un centro nazionale e internazionale per le arti e la cultura. È associato a *Slow food*. Per informazioni: www.baitalkarama.org
I piatti cucinati dalle donne di Bait al Karama sono a pp. 67, 99, 100, 110.

Un grazie di cuore a **Davide De Luca**, cuoco del ristorante Al Ficodindia di Milano, che ha cucinato per noi i piatti a pp. 73, 94, 111.

Un ringraziamento speciale alla famiglia arabo-cristiana **Al-Chamma** di Homs, Siria, che per amicizia, nonostante la situazione tragica che sta attraversando il Paese, ha trovato il tempo e la generosità di cucinare e fotografare i piatti di pp. 66 e 77.

Mirielle e suo marito, coppia libanese, hanno cucinato e fotografato i piatti di pp. 96, 103, 105.

Cucina armena

Virjin Manoukian è una signora armena la cui famiglia si è rifugiata in Italia, in fuga dal genocidio condotto dai Giovani Turchi nel secolo scorso. Virjin ha scritto un libro di ricette molto apprezzato (*Cucina Armena*, Milano 1987).
Per noi ha preparato, nella sua cucina, i piatti di pp. 57, 58, 61, 65, 68, 71, 72, 75.

Joan Rundo ha cucinato i piatti di pp. 23, 31, 34, 44, 45, 46, 47, 120.

Appunti

Appunti